中国道教文化之旅丛书

沪上古观

太清宫

总 主 编 张继禹
本册主编 丁常云
编　　著 丁常云 李宏利 成润磊

华夏出版社
HUAXIA PUBLISHING HOUSE

《中国道教文化之旅》
编辑委员会

总 顾 问：任法融
总 主 编：张继禹
主 　 编：王哲一
执行主编：王炳旸
副 主 编：

黄信阳	黄至安	丁常云	唐诚青	赖保荣	刘怀元	林　舟	张金涛
张凤林	孟崇然	黄至杰	李诚道	张东升	袁志鸿	张明心	胡诚林
谢荣增	陆文荣	董沛文	刘世天	王书献	孙常德	史孝进	吉宏忠
王怀静	杨世华	詹达礼	高信一	吴诚真	李文兴	王至全	袁宗善
刘兴龙	欧冶国	喇宗静	张崇新	赵理修	王崇道	邓信德	蔡万圻
董中基	廖东明						

编辑工作办公室主任：张兴发
编辑委员会委员：

任法融	张继禹	黄信阳	黄至安	丁常云	唐诚青	赖保荣	刘怀元
林　舟	张金涛	张凤林	孟崇然	黄至杰	李诚道	王哲一	王炳旸
袁志鸿	张明心	胡诚林	谢荣增	陆文荣	董沛文	刘世天	王书献
孙常德	张兴发	冯　鹤	郝光明	李信军	张　凯	吉宏忠	姚树良
张开华	翟仁军	成笃生	刘少波	黄健虹	吴信达	潘志贤	杨梦觉
陈明昌	张至容	杨明江	邹理慧	郑明德	吴诚真	刘玄遵	蔡亚庭
朱　泽	欧冶国	万　文	王理砚	陈万翼	林美菊	陈信桂	廖信杰
贾慧法	任兴之	陈法永	孙敏财	尹信慧	杨世华	冯可珠	郑志平
简祖洪	薄建华	李宗贤	霍怀虚	张诚达	刁玉松	李　福	詹和平
陈理复	李宗旭	袁宗善	喇宗静	邓信德	赵理修	陈崇真	王崇道
王高静	史孝进	王怀静	詹达礼	高信一	王金华	李文兴	王至全
刘兴龙	张崇新	蔡万圻	董中基	廖东明			

序

  殷商时期，道祖降临神州大地。他所倡导的致虚守静、少私寡欲、无为而治、道法自然、返朴归真、和光同尘等思想，深深影响了中国哲学；他所著《道德经》，提出了"道"、"自然"、"无为"等等著名的哲学概念，成为中国哲学的基石之作。

  两汉之际，中国又出现了一位真人张陵，他奉老子为道祖（太上老君道德天尊），以老子《道德经》为祖经，以道为宗本，创立道教，融合传统宗教习俗，追求天人和谐、家国太平，倡导真正、积善成功、福臻家国，相信修道积德行善定能平安幸福、长生久视。

  魏晋南北朝，道教人士秉承老子思想，光大张陵道风，建立弘扬道教文化的宫观，从此道教文化有了自己的文化宣传窗口，向世人展示着自己独特的魅力。

  宫观发展至今，已成为道教信仰和修道者的圣地。成千上万的道教徒们在宫观内过着如法如仪的宗教生活，成万上亿的道教信徒们到宫观开示解惑、朝拜神灵、祈福禳灾。许多高道依托宫观实现了他们致道成仙的人生目标，如张道陵在大邑鹤鸣山驾鹤飞仙，许逊在南昌西山白日飞升，张三丰在武当山得道成仙。

  宫观传衍至今，已成为中国传统文化的重要载体。每一个宫观都有着

它的历史传承、人物故事、文物胜迹、经典书籍和建筑艺术等等，这些均构成了本宫观的文化，这些文化又是宫观所在地文化不可或缺的重要组成部分。这不仅是宫观的，也是道教的，更是社会的传统文化。如张道陵祖师依托二十四治创立天师道，形成了天师道文化；杨羲、许谧依托茅山的靖庐创立了道教上清派，形成了茅山文化；许逊依靠万寿宫，形成了净明道忠孝文化；邱处机凭借白云观推动了全真龙门派的发展，形成了龙门祖庭文化。

　　宫观传承至今，已成为了道德伦理教化的场所。道教宫观中供奉的神灵，有古代神话中的人物，还有山川河岳等自然界的神灵，更有有功于社稷、有惠于黎民而为民众所敬仰的地方神灵。道教崇奉神灵的原则是"尊道贵德"，倡导崇尚德行、敬仰贤能。如道士孙思邈是古今医德医术堪称一流的名家，尤其对医德的强调，为后世的习医、业医者传为佳话。他的名著《千金方》中，也把"大医精诚"的医德规范放在了极其重要的位置上来专门立题，重点讨论。而他本人，也是以德养性、以德养身、德艺双馨的代表人物之一，成为历代医家和百姓尊崇备至的伟大人物，被道教崇奉为"药王"。又如道教崇拜的城隍神，皆为世间人之正直者，有"功施于民则祀之"的说法。他们有的是地方的"清官"，正直无私，秉公办事，能为民消灾解难者；有的是有功于国于民的"功臣"，生前曾对某地乃至全国作出过一定贡献，人们牢记其功绩，奉之为神灵；还有人间正直者，他们生前为人正直，与人们所希望的城隍神形象较为接近；更有世间乐善好施者，在中国传统社会中，积功行善，乐善好施者，往往受到人们的崇敬；当然也有神能者，生前有异能，造福乡民，人们相信他死后可以充当城隍之职；还有善鬼，人们认为，人死后进入阴间而为鬼，但只要积德行善也能提升。可见，城隍信仰中"人之正直，死而为神"的观点，正是人们把美好理想

和愿望寄托于神灵，希望他们能像生前一样公正无私，造福于民。同时，也鼓励人们积极向上，崇尚德行，讲求孝道，对人们具有一定的教化功能，在一定程度上又构成了伦理道德体系。

同时，道教的宫观还是济世利人的基地，是服务社会、利益人群的场所。道教宫观导人向善的教化功能本身就发挥着净化社会的崇高精神。从历史上看，道教宫观曾经发挥过济世救人的功能。如张鲁行宽厚仁慈之政，以道教化世人，设立义舍于路边，放置米肉于其中，让过路的人量腹而食；邱处机在北京白云观创立十方丛林，收容遭战乱无家可归的人，多达数以万计，清乾隆皇帝赞扬说："万古长春不用餐霞求秘诀，一言止杀始知济世有奇功。"清代道士闵一得，主持金盖山纯阳观，大振玄风，乐善好施，奖掖后进。当代道教宫观，不忘祖训，更加积极投入到社会慈善公益事业中。道教宫观植树造林、美化环境；赈穷补急、兴利除害；积功累德、慈心于物；忠孝友悌、正己化人。如道教宫观在甘肃的生态林建设，九八洪灾捐款，四川地震灾害捐献等等，均彰显出道教宫观济世利物的高尚品德，由此清楚地看到宫观在道教传承中的地位和作用。

为了打造道教文化精品，提升道教品位；繁荣文化市场，满足群众需求；整合道教宫观资源，形成道教文化合力；推动对外文化交流，促进道教健康发展，响应"推动社会主义文化大发展大繁荣"号召，中国道协文化研究室以道教宫观为研究对象，推出"中国道教文化之旅"大型文化研究项目，把道教宫观文化承载的道教义理、建筑、绘画、生态等智慧和道教生动感人的故事展现出来，通过一座座宫观的文化之旅，探索发现出道教许多不为人知的价值内涵，从而彰显道教的人文精神。这样可以向社会人群提供优秀的道教精神产品、凸现道教文化魅力、创造良好的社会效益。从而提升道教形象，扩大道教影响，增强道教的亲和力，为构建和谐社会

作出积极有益的贡献。

感谢国家宗教局领导对《中国道教文化之旅》的大力支持，感谢各省道教协会、各宫观高道大德的积极参与，感谢今日集成广告有限公司张东升先生的热情襄助，感谢华夏出版社编辑的辛苦付出，我相信，道教文化的魅力与人文精神一定会通过本套丛书的出版而弘大显扬。

张继禹

2011年1月谨识于北京

目　录

千年古观佳话多 / 1

东吴孙权　祈福为母 / 4

太宗赐建　秦琼监造 / 8

古观重修　神奇灵异 / 12

改革开放　见证浦东 / 17

东岳行宫话神谱 / 23

东岳圣帝　泰山尊神 / 24

十殿阎君　权秉生死 / 29

七十六司　各司其职 / 34

天后妈祖　和平女神 / 41

巧圣鲁班　工匠始祖 / 46

吕祖仙师　济世度人 / 51

相公信仰　深入民心 / 56

追根溯源说泰山 / 61

雄视齐鲁　五岳独尊 / 62

历代帝王　封禅圣地 / 66

岱山治鬼　威名远扬 / 71

行祠众多　遍布全国 / 75

乡风民俗渗影响 / 81

民俗传承　信仰变迁 / 82

许愿还愿　民众信仰 / 86
赞颂祭祀　款待神灵 / 90
民间祈嗣　元君送子 / 94
礼仪习俗　深入民众 / 98
铺灯纸扎　民间绝技 / 107

和顺阴阳建道场 / 111

坛场庄严　科仪规范 / 112
清微醮仪　禳灾祈祥 / 119
度亡法事　济幽追思 / 124
正一宗风　传承有序 / 128
符咒法术　神奇莫测 / 134
改革开放　沪上首坛 / 140

祈福圣地广结缘 / 143

东岳祈福　戴福还乡 / 144
三清神灯　增福延寿 / 150
财运神灯　招财利市 / 154
文昌星灯　通达学业 / 159
月老仙灯　和合姻缘 / 164
药王仙灯　健康良方 / 168

万年紫檀老君像 / 173

万年紫檀　殊胜因缘 / 174
老君立像　缘结浦东 / 178
世博盛会　捐赠古观 / 182
紫檀雕刻　艺术瑰宝 / 188

古观盛世再辉煌 / 193

修复开放　焕发生机 / 194

全面重修　再现辉煌 / 200

建筑结构　巧夺天工 / 207

神像雕塑　栩栩如生 / 214

碑廊文化　名家荟萃 / 219

千年古观佳话多

在浦东陆家嘴金融区的一处繁华地段,矗立着一座古朴、巍峨的道教宫观,其红墙黄瓦、斗拱飞檐的建筑风格在周边现代性的建筑群中显得格外突出,虽然为高楼所掩映,但不失雄伟挺拔之势,尽管风格迥异,却更显端庄与和谐,传统与现代在这里交融,神圣与世俗在这里定格。这就是上海著名的正一道观——太清宫,原称钦赐仰殿。

太清宫鸟瞰图

东吴孙权　祈福为母

上海浦东属江海冲积平原，是在江流和海潮的相互作用下，由积聚的沙洲逐渐连片成陆。虽然浦东成陆较晚，但从它西端的黄浦江到东端的钦公塘，也可追溯至唐代。因江南吴地有"信鬼神，好淫祀"的习俗古风，山神、河伯、巫觋、鬼神等各类信仰在这里十分兴盛。

据传，太清宫已有上千年的历史，最早为三国时期东吴孙权为其母吴太夫人敬香祈福所建，当时可能只是一座家庙式的小庙，没有什么影响，史料也没有记载。晚年的吴国太信奉神灵，常来庙里敬香祈福，古老道观自然就成了国太拜神求福之所。

话说东汉末年，皇室衰微，天下大乱，群雄逐鹿，经黄巾大起义颠覆，又经各路军阀混战，逐步形成三国鼎立的局面。上海地区当时属于吴地，处于东吴的统治之下。东吴孙家的统治虽然到孙权才正式自称皇帝，但开始经营却源于其父孙坚和其兄孙策。孙坚本吴郡富春（今浙江富阳）人，靠镇压黄巾军起家，逐渐发展成为占据江东的大势力，后与刘表作战时

◎ 吴主孙权像

阵亡。其子孙策继其事业，在讨伐割据江东的各军阀过程中，携母转战各地，受尽颠沛之苦，最终统一江东。后被刺客淬毒刺伤身亡，年仅二十六岁。其弟孙权继位为江东之主，公元208年，孙权与刘备联盟，于赤壁击败曹操，初步形成三足鼎立之势。公元219年，孙权自刘备手中夺得荆州，使吴国的领土面积大大增加。公元222年，孙权称吴王，公元229年称帝，正式建立吴国。

战乱时期，作为地方将官的孙坚，常年征战沙场，抚养、教育儿女的重任自然也就落到了吴太夫人身上。出生于官宦之家的吴夫人，受过良好的教育，因此教育儿女也很有办法，总是宽容、诱导，谆谆教诲，让儿女自己领悟，明辨是非，吴太夫人"倚井教子"的故事成为历史美谈。孙策、孙权兄弟能礼贤下士，尊重人才，这与其母亲的教导密不可分，也为吴国的建立奠定了不可或缺的基础。据《三国志》记载，在统一江东、建立吴国的进程中，孙权的母亲吴太夫人饱尝战乱与颠沛之苦，经常随子女四处奔波，转战南北。特别是其夫孙坚、其子孙策的离世更让吴夫人深感命运多舛。

东汉末年，社会上方术流行，道教也开始逐步形成。还在孙策当权的时候，有一个叫于吉的道士在江南吴地传教。他教信众烧香读道书，信从者极多。一次，孙策在郡城门楼上集会诸侯、宾客，正好于吉经过，诸将宾客中竟然有三分之二下楼迎拜，掌管礼仪的官员大声呵斥禁止也无济于事。孙策见于吉在自己的军队中有如此大的号召力，自然十分忌讳与害怕，遂下令杀了于吉。孙策最后英年早逝促使吴夫人对道教有了深刻的认识。

称帝后的孙权非常重视祭祀之礼，部分祭祀方式还吸收了许多道教内容，特别是祈福消灾的仪式。孙权之母吴太夫人可谓是真正的国母，从孙坚的江东崛起、孙策的初定江东一直到孙权的称帝，老夫人经历了万般苦难，特别是孙策的离世，使得吴夫人更笃信道教。为了方便老夫人敬神祈福，孙权特别修建了神庙，以供老夫人朝拜之用。这样，在庙中拜神祈福、追荐亡灵、护佑后代成为吴太夫人重要的日常生活。由于孙权的孝顺，再加上吴太夫人的重要地位，孙母祈福便成为一项政治生活，并形成一定的社会影响。

◎ 孙权母亲吴太夫人画像

作为东吴政权发祥地的苏州，有许多东吴遗迹，如：孙权府第、周瑜府第、东吴武烈皇帝孙策夫妇合葬陵、豫州刺史孙坚及夫人吴氏合葬墓、东吴丞相顾雍墓、东吴丞相阚泽府第及墓、东吴都督陆逊墓、东吴都督吕蒙墓、东吴上将黄盖墓、东吴郁林郡太守陆绩墓、吴国太塔等等。孙氏宗庙等祭祀场所却难寻踪迹，当然可能是由于沧海桑田，已经毁灭，但更多的可能是以寺观等形式隐藏于社会之中。

说到我国的宫观庙宇起源，许多都处于宫庙与宗祠的频繁转换之中。有的宫庙因大户人家的垄断使用，逐渐成为其宗祠家庙，正如孙权为其母亲修建的祈福神庙，一般人家断然不可能前去朝拜。另一方面，许多宗祠家庙依托于宫庙才得以建立，因为依传统礼制，民间不允许奉祀四代以上的祖先。因此，士族、大夫以及地方大族为了祭祖，往往将祖祠设于宫庙之中，或是在祖坟附近设立庙堂，委托专人奉祠事，以守护坟墓，此种情形一直延续到清代。把祠堂建于宫庙，除了对传统礼制的应对变通、同信仰道教有关外，宫庙建祠易于保持祠堂及祭祖的存在。对此，方逢辰认为："盖祸福之说可行于乱世，庶彼之教不废，则吾之祠堂亦可托之而不坠焉。"也有托之僧寺者。曾目睹王安石钟山寺祠堂的吴澄也说，立祠寺庙者深思熟虑，"谓人家之盛，终不敌僧寺之久。于是托之僧寺，以冀其永存"（吴澄：《吴文正集》卷46《临川饶氏先祠记》）。

公元280年，吴国亡于西晋，立国仅五十八年。之后历经朝代更迭，社会动荡，许多世家大族为保护宗庙不受破坏，迁移他处。上海浦东自唐宋以来随着陆地的延伸而逐渐有人移居下来，迁入人口多为避祸、隐居，

更有大族将宗庙迁入,以卫祖先之灵。浦东古属吴郡,距离苏州市区较近,这为孙氏宗庙的迁入提供了便利条件。

经历千年的演变,现在的太清宫是否为孙权为其母祈福所建已很难考证,但传说本身也是一种"事实",或许"传说事实"比历史记载更加接近事实真相。

太宗赐建　秦琼监造

围绕"太清宫"这座江南古观,当地有很多传说轶闻,也正是这许多的佳话传奇,成就了一处江南水乡的洞天福地。关于太清宫的文字记载,最早可追溯到唐代,为唐太宗李世民所"赐建"。公元1770年,即清乾隆三十五年翻修道观卸下大梁时,发现梁上刻有"信官秦叔宝监造",言监造者为唐太宗李世民麾下的名将秦叔宝。

清代秦荣光在《上海县竹枝词》中有言:"东岳行宫在浦东,相传唐敕建兴工。信官叔宝秦建造,钦赐还称仰殿雄。"秦荣光自己有小注说:"东岳行宫在二十四保二十图,名钦赐仰殿,相传唐时敕建,梁上有'信官秦叔宝监建'。"二十四保二十图,是当时行政区划名称,这是说钦赐仰殿所处的位置。

东岳大殿梁上虽有"信官秦叔宝监造"字样,但没有明确年号,所以这信官也可能是另一位与秦叔宝同字号的某一朝代的官员。但当梁上文字被发现时,人们却一下子就认定它所指的便是唐朝的秦叔宝,这或许与秦叔宝的超级知名度有关。唐太宗李世民麾下有一位著名的大将,姓秦,名琼,字叔宝。此人能征善战,为李世民立下了大功,在民间知名度很高。又因为秦叔宝与李世民的

◎ 唐太宗李世民画像

另一位大将尉迟恭被人们尊为驱邪镇鬼的门神，因而越发使秦叔宝家喻户晓。所以当清代维修东岳大殿，发现梁上有"信官秦叔宝监造"字样后，尽管上面没有年代的记载，人们却肯定他就是唐朝大将秦叔宝，而不会想到其他朝代的什么人了。

我们知道，道教自东汉始，经魏晋南北朝之发展演变，至唐代进入兴盛时期。唐初，道教被列为三教之首，道士的社会地位显著提高，道教宫观遍布全国。这些发展都是与当时统治阶级的大力支持和提倡分不开的，李唐皇室对道教的尊崇和扶持是为其统治制造合法依据。隋唐之际，魏晋以来盛行的门阀士族统治已趋衰落，但其社会地位和影响还很大。唐朝皇族原本出身于北朝鲜卑军户，并非名门望族。当李渊在隋末起兵争夺天下之时，为了抬高其门第，争取上层贵族的支持，便尊奉老子为唐王室的祖先，宣称自己是神仙后裔，符合"君权神授"的传统思想。

唐太宗李世民为秦王时，曾得到道教的帮助。据说李世民出兵河南消灭洛阳军阀王世充，途中与房玄龄微服私访道教上清派宗师王远知。王远知对李世民说："方作太平天子，愿自惜也。"后来李世民与太子李建成争夺皇位，以法琳为首的佛教徒支持太子，而王远知等道教徒则拥戴秦王。李世民上台后，特意在茅山为王远知建一所太平观，以示崇敬。公元637年，即贞观十一年，唐太宗下诏贬佛崇道。诏书称："朕之本系，起自柱下（老子），鼎祚克昌，既凭上德之庆；天下大定，亦赖无为之功。宜有改张，阐兹玄化。自今以后，斋供行立至于称谓，道士女冠可在僧尼之前。庶敦本之学畅于九有，尊祖之风贻诸万叶。"就是说，唐朝的祖先是柱下史老子，道教对唐朝夺取天下有功，所以道士女冠的地位应在和尚尼姑之前，以显示朝廷对道教的尊崇。

唐初，正是由于最高统治者的扶持，道教及其宫观建设得到了极大的发展，许多道观甚至得到唐皇帝的钦敕。太清宫为唐王所敕令建造也在情理之中。从秦荣光《上海县竹枝词》可知，词中记载钦赐仰殿的性质是东岳行宫，即民间俗称的东岳庙。

东岳庙是祭祀泰山神的地方，泰山神地位崇高，宋以后称为东岳天齐

◎ 东岳大帝画像

仁圣帝，一般称为东岳大帝。泰山脚下的东岳庙系泰山神的祖庙，又称岱庙。各地的东岳庙供泰山神巡视天下之住所。另外，自汉代以来，泰山治鬼、人死魂归泰山的观念就被中国人所普遍认同。人总难免一死，所以在多数人的意识里，"泰山"象征着人的最后归宿，既然冥界的主管是泰山神，他在民间便得到了普遍的崇拜。东岳大帝有治鬼之权，信众们表示自己的信仰、膜拜东岳、有灾病、受冤屈，不能都跑到泰山去，为了满足民众的泰山信仰需要，在全国的通都大邑乃至于穷乡僻壤建起了东岳的行宫。可以说，东岳行祠遍布天下，"虽村隅僻壤，亦有行宫"。由于东岳大帝主管幽冥世界，宗祠家庙也将这一神灵请入，以护佑子孙。如太原晋祠最早是祀奉西周诸侯姬虞（周成王的弟弟）的祠堂，后来也增设东岳行祠。如此，吴王孙权的宗庙祠堂设立东岳行宫自在情理之中。

据《五岳真形图》："东岳泰山君，领群神五千九百人，主治死生，百鬼之帅也。血食庙祀宗伯者也。俗世所奉鬼祠邪精之神，而死者皆归泰山受罪考焉。"这就是说东岳治鬼、祭祀时，可以享受到阳间方伯（诸侯之长）死后受祭的待遇：杀牲作祭品。《五岳真形图》出现较早，其中提到的东岳享受血食待遇，大抵依东汉的祀仪。汉唐时期的中国社会，佛、道二教在人们的思想意识中占据了非常重要的地位，同时，它们也与民间祠祀发生着密切的关系，与其相比较，佛、道这两个有组织体系的宗教无论在哪个方面都要高级得多，从其教义出发，它们都反对民间祠祀通行

的血祭。

道教认为接受血食的神是所谓的"六天故气",道教的神仙则是居于六天之上的三清天,是由"道"气所化身。《老子想尔注》有云:"行道者生,失道者死,天之正法,不在祭啜祷祠也。道固禁祭餟祷祠,与之重罚。祭餟与耶(邪)同,故有余食器物,道人终不欲食用之也。"因此,在六朝隋唐时期的江南地区,道教与民间祠祀产生了不断的冲突和斗争,其结果往往是道教吸收了民间神灵。例如北宋神宗元丰二年(1079)《广州天庆观钟欶》曰:"广州天庆观东岳行宫主(住)持赐紫道士胡日新铸造,永充圣殿内供养,元丰二年己未岁二月初六日谨题。"

◎ 五岳真形图

如此,由东吴孙权的家庙到东岳行宫,直到唐朝被道士正式接管,太清宫经历了千年的演变,历经沧桑。这座江南古观或存或隐,几番沉浮,于今发展成为占地四千多平方米的著名道教宫观,其荣辱兴衰留下了许多佳话传奇。

古观重修　神奇灵异

太清宫于明永乐年间、清乾隆三十五年（1770）进行过两次重建。清代道观香火鼎盛，规模宏大，是沪上香客、游人祈福游览的胜地。清末国运渐衰，宫观被移作他用。辛亥革命时，宫观曾驻守军队。民国年间，浦东士绅集资重修的钦赐仰殿又遭到国民党组织捣毁查封。直到新中国成立，宫观才逐渐恢复了昔日的香火，可是1966年发生的"文革"运动，又让古观再次遇难，到"文革"结束时，古观仅剩下一座危房——东岳大殿。改革开放以来，中共中央发布了《关于我国社会主义时期宗教问题的基本观点和基本政策》（简称中央19号文件）重要文件，我国宗教信仰自由政策

◎ 重建中的三清殿

◎ 东岳殿

开始得到全面贯彻落实。

上海道教在恢复和重建时，地处浦东的太清宫率先恢复开放。为尽快修复开放，满足广大信教群众的需要，在市道协（筹）的领导下，1983年6月成立了以张文希道长为组长的道观修复领导小组。由于当时经济条件比较困难，修复小组采用"边修复、边开放"的形式，在修复中开放，在开放中修复。修复伊始，整个道观破烂不堪，十年浩劫使整座古观几乎全部被毁，仅存的东岳大殿也成了危房。在几近荒芜的道观旧址上，修复工作人员克服重重困难，满怀热情，全身心地投入到艰苦的修复工作中。

太清宫自1983年开始修葺，至1987年11月第一期工程竣工，基本修复了东岳殿、门楼、配殿及厢房等。进入20世纪90年代以后，道观开始规划未来，道观的改扩建工程被提到议事日程。1993年，因浦东新区源深路道路整体建设，道观曾被切掉一只角，道观的整体布局受到严重影响。1995年，又因道观源深路拓宽和道路红线等问题，道观的整体改建工程陷入了困境。经多方协调，道观通过置换并购得三清殿后二亩六分

土地，用于建造藏经楼和仙居楼。进入21世纪后，道观开始了全面改建工作。2000年年底，道观进行藏经楼和仙居楼的建设工作，同时，对道观的改建工程进行了整体规划，经多次论证和反复研究，最终决定按照藏经楼、仙居楼的布局重新规划中轴线。经过近十年的整体改建，除东岳殿保持原貌外，一座全新的江南古观呈现在世人面前。改建后的太清宫道观主要有门楼、东岳殿、三清殿、藏经楼、仙居楼等主体建筑，千年古观面貌焕然一新。

通过修复与扩建，太清宫已然成为浦东地区最大的道教宫观，作为该地区最重要的宗教活动场所之一，发挥的作用也愈来愈大。值得一提的是，2000年以后，在古观改建过程中，还发生了一些神奇灵异的故事，说来饶有趣味，令人深思。

一是发生在"仙居楼"基建中的灵异故事。仙居楼为道观的新建部分，主要为道观生活用房，工程用地为道观置换的三清殿后的二亩多土地。在建造仙居楼的过程中，发生了一起"地下"事件，让人事后不由得倒出一身冷汗，后怕之余更觉有神灵保佑。工程初期，按照施工要求，先要进行土方挖掘工作。经过几天的紧张施工，一天上午，司机师傅驾驶的挖土机在挖土过程中，突然出现故障，不能运转了。因工程进度较紧，工作人员非常着急，为不影响工期，施工队立即组织技术人员抢修挖土机。抢修期间，一位施工人员无意中发现在挖土机出现故障的地下泥土里掩埋着什么，待拨开泥土仔细一看，原来是一根很粗的煤气管道。施工前，五大管线部门的有关人员都进行过检查，但没有任何一方知道这里有煤气管道。好在挖土机"坏"了，否则后果不堪设想，因为现场还有电焊等带有明火的工作在开展，一旦煤气泄漏，发生爆炸，不仅工程要受到极大的破坏，人员也会出现伤亡。道长们都说"这是神灵在保佑我们平安"、"仙居楼自然有仙气护体"等等。

无独有偶，东厢房"祖师殿"的故事，再次让人们感知"祖师"之护佑。"祖师殿"位于三清殿的东厢房，内供张道陵祖师和王重阳祖师，其为道教神谱中很重要的神灵。在修建东厢房的过程中，又发生了一起"地

下"事件,让人对"仙居楼"事件不觉偶然。不过,这次就不是煤气管道的事了。修建东厢房需要重新开挖地基,还是一辆挖土机,在挖掘东厢房的墙基时,突然停机不能运转了,经查看原来是没有油了,于是司机只能离开去加油。由于挖土机用的是柴油(功率较大),而道观附近加油站也正好缺少柴油,司机师傅跑了几家油站,费了许多周折,也还是没有弄到柴油。无奈之下,只能停工。就是在等待过程中,一位施工人员仿佛受到"祖师爷"的指引,开了"天眼"一般,发现在东厢房墙基下有一根很粗的电缆,对于一名具有多年工作经验的施工人员,这一偶然的发现,着实把他吓得半死,因为依照一般的情况,若挖掘机继续工作的话,必然会破坏这根缆线。施工队在没有接到地下电缆通知的情况下,由挖掘机破坏缆线实属"正常"现象。后来经上报有关部门确认,这根缆线属于军用电缆。挖土机的暂时"离岗",不仅让道观的修复减少了不必要的损失,更使得军用安全没有遭到任何损害。大家无不感谢神灵的保佑,使道观改建

◎ 厢房

工程逢凶化吉。

在太清宫改扩建工程中，东岳殿需要作整体移动，以保持道观的中轴线平衡。专家经研究论证，决定对东岳殿"原拆原建"，以保持古建筑的原有风格。遭遇"文革"十年浩劫，道观仅存东岳殿这一危房，尽管如此，该殿依然保存了明代重修时的风貌。为最大程度保留道观的明代建筑风格，建筑师与工匠们殚精竭虑、煞费苦心。或许是因为道长们的期望值过高了，在拆修大殿时，有一根明代时期的石柱断裂了，这下可急坏了工匠和道长们。因为大殿所用皆为明代石柱，若没有相应成色的石柱作为补充，整个东岳殿的明代风貌就会受到极大的影响，千年古观的历史底蕴将会大打折扣。寻找可替代原断裂石柱的老石头做大殿石柱成为最重要的事情。为保证石柱与原大殿石柱相仿，道长和工匠们专门赴苏州寻找，但事与愿违，前后共有三次到苏州，都没有找到风格相近的石柱。正在一筹莫展之际，工匠们在挖墙基的时候却发现了一根石柱，正好与原石柱相配，仿佛"祖师爷"老早就预料到有此一劫，专门备好了石柱。如此，才保证了东岳殿的顺利修复，并完整地保留了原来的风格。

悠悠岁月古道观，沧桑巨变看今朝。如今，欣逢盛世，国运昌隆，千年古观又焕发出勃勃生机，为世人留下了无限的遐想，令人神往。

改革开放　见证浦东

地处浦东陆家嘴地区的太清宫，真正见证了浦东的改革与发展。道长们每每提起道观的历史，既为现在取得的成绩而欣喜，也为过去的辉煌而荣耀，因为旧日的道观是浦东的一处胜景，更是那片土地的民俗文化中心。而现在的太清宫尽管在占地面积、建筑规模、规划布局等方面取得了前所未有的发展，但若同周边林立的高楼相比，则少了原有的"雄"姿。当然，于现代都市的繁华处拥有一处红墙黄瓦的传统道观，不禁使整个环境增添了许多灵气。

改革开放之先，浦东还是相对沉寂的郊县，现在繁华的陆家嘴金融区当时被称作"乡下"之地，太清宫道观就处于这样的环境里，周围是乡村和农田，耕牛、驴车随处可见。因浦东近海，多台风侵袭，加上农村经济算不上富裕，老百姓居屋多建平房，少楼宇。如此，在开阔的平原上，映

◎ 浦东陆家嘴金融区

衬于低平的民居之间，道观显得雄伟壮观。所以清代有人写其景色，以一个"雄"字概其气势。其时，太清宫所处地理原归属川沙县，是典型的城郊乡村，传统的乡风、民俗和浓浓的宗教信仰是这一地区的特色。我们知道，在传统社会中，道观往往是老百姓集聚、从事民俗文化活动的中心，除了烧香拜神外，各种民间娱乐活动、小商小贩、小吃美食等等应有尽有。在乡间，这样的地方无疑是整个区域的文化中心，太清宫成为这一环境中民众精神生活的重要内容，是众多道教信徒向往的重要宗教活动场所。

改革开放以来，中国进入了社会主义现代化建设的新时期，浦东也从此跨上了发展的快车道。特别是20世纪90年代的开发开放，使浦东的面貌焕然一新，昔日的农田变成了柏油马路，一座座现代化的高楼拔地而起。通过二十年的全面建设，一座外向型、多功能、现代化的新城区屹立于太平洋西岸，浦东成为"上海现代化建设的缩影"。现在，当你再次漫步于浦东陆家嘴地区时，你一定会为眼前的景象惊诧不已，宽阔的马路、林立的高楼、现代化的立交桥，还有各种光怪陆离的巨幅电视广告以及各类电子画面，现代的气息充斥在每个角落。此时的太清宫同周边的建筑相比，则

◎ 太清宫正门

◎ 上海太清宫恢复开放二十周年开幕典礼

显得低矮了许多，少了原有的"独占鳌头"的气势。但新修的古观仍不失"雄伟"之姿，特别是黄瓦红墙的建筑风格更有一种皇家气派，引得路人驻足留恋，成为信徒心目中的圣地。

　　浦东的发展不仅仅体现在硬件方面，还体现在文化软件方面。无论是学术研究、政策、管理，还是对外交流、合作的文化氛围，都让人能真真切切地感受到一个崛起的、充满内涵与自信的浦东。太清宫地处浦东——"中国改革开放象征"之地，也借改革开放的春风，在宫观建筑、弘道兴教、规戒制度等方面取得了前所未有的发展与进步。

　　改建后的太清宫古朴典雅、气势宏伟，其浓郁的传统文化元素彰显了浦东这一现代化城区的文化底蕴与市民精神。2003年11月，道观举行了恢复开放20周年纪念庆典活动，期间举办了祈祷国泰民安、风调雨顺的"太平法会"，举行了道教书画展以及道观开放20周年纪念座谈会等一系列活动。

  21世纪是中国和平发展的时代，作为中国土生土长的道教也获得了一个前所未有的良好发展环境。太清宫抓住这一历史机遇，弘道兴教，积极与社会主义社会的发展相适应，取得了良好的成绩。弘道兴教的重点在于大力弘扬中国道教传统文化中的积极因素。为此，道观成立了道教文化研究室，配备专职或兼职研究人员，并发动广大青年教职人员积极参与，从研究道经入手，在对经典系统整理的同时，认真参学研读，注重经典所载的道教教义思想的继承和发扬，以"服务社会，造福人类"为宗旨开展研究。为开展道教文化研究和宣传道教，道观还于藏经楼设立了道教图书馆，通过广征博收，使之成为浦东道教文化中心。图书馆配有专职人员，并配有阅览室，对社会广大信徒及研究人员开放。道观还建立了道教历史馆、道教文物馆、道教法器馆、道教神像画馆等四个展区。道教历史馆主要展出中国道教历史的概貌，以文字介绍和书籍说明为主；道教文物馆主要展出历代道教文物，并配有文字说明，介绍该文物的历史及其在道教史上的地位和社会影响；道教法器馆主要展出道教斋醮科仪中所使用的各种法器，并配有文字介绍说明；道教神像画馆主要展出道教历代神仙画像，以道教的神仙谱系为框架，完整地介绍道教的神仙系统。再有，道观还举办讲经弘道活动。道教由于长期受"道不言道，道不外传"的传统思想影响，历来就不重视讲经之事，导致人们对道教了解不多、知之甚少，严重影响道教文化的弘扬。由于道教经文繁多，教义深奥，很难读懂，开坛讲经显得十分必要。道观邀请老道长和学有心得的年轻道长，定期讲经说法，使道教文化能在新世纪发扬光大。

  正如新区的发展，不能仅体现在硬件的改善上，更要在软实力上下工夫一样，太清宫在建立和完善规戒制度等方面也取得了显著的成绩。首先，太清宫对传统的道教戒律进行了整理、研究，为制定当代道教戒律服务。传统道教戒律中，有许多至今仍有其积极作用，如《老君说一百八十戒》，原为早期道教正一盟威道的主要戒律，后成为道教授受传承的大戒之一。就"百八十戒"的戒条内容来看，有一些是属于一般社会公德性质的，既有涉及人际关系和爱护自然环境的，也有关于道德信仰的思想，这些内容

◎ 任法融会长题写的"太清宫"匾额

都是当代道教戒律应该继承的。其次,把完善规戒与加强道风建设、坚定道教信仰联系起来。强调在市场经济发展过程中,道教徒要树立正确和纯洁的信仰,要通过自己的修行,淡泊名利,纯洁心灵,与人为善,坚持正信,树立良好的信仰风范和高尚的道德情操。通过完善规戒,开展"信仰与修持"的思想教育,把信道作为人生宗旨和行为准则,跟上时代的步伐,真正成为有"道"之士。第三,建立一整套较为完善的清规戒律。当代道教戒律不仅要继承传统的道教戒律,而且要增加适应现代社会内容的戒条。道教戒律要重申和加强传统伦理道德建设,发挥其优良传统,为现代社会服务。在新世纪,充分发挥道教戒律在当代社会中的积极作用,正是当代道教加强道风建设的重要举措,也是道教树立自身形象、提高教徒信仰层次的重要手段。

修复后的古观,还应信徒和道教界人士的要求,冠名上海"太清宫",中国道教协会任法融会长欣然为道观题写匾名,全面提升了道观的地位和影响。

东岳行宫话神谱

道教信仰多神,并拥有有序的神仙谱系,其最高神是"三清",即元始天尊、灵宝天尊和道德天尊,其后为"四御",即南极长生大帝、北极紫微大帝、勾陈大帝和后土皇地祇,还有后天得道仙真如八仙、张天师、许真君等,功德成神的如关羽、张巡、戚继光等,以及各神仙召役的属将如王灵官、马天君等。此外,道教还不断将民间信奉的、影响较大的俗神纳入自己的神仙谱系,如狐仙、猛将神、相公等,都进入了道教宫观崇拜对象的行列。

目前,除"三清"外,太清宫内主要供奉"东岳大帝"、"玉皇大帝"、"十殿阎君"、"七十六司"、"天后妈祖"、"巧圣鲁班"、"吕祖先师"、"施相公"等神灵。下面,我们将一一走入这些神灵世界,感受道教的神奇与关怀。

东岳圣帝　泰山尊神

　　围绕太清宫这座千年古观有许多传说，而信史记录其确为一座东岳行祠。从道观的建筑布局来看也充分说明了这点。当你步入巍巍太清宫的山门，首先映入眼帘的便是东岳大殿，其明代建筑风貌更给这座大殿增添了神秘的气息，殿中主供神即为赫赫有名的东岳圣帝。下面，我们就来了解一下这位东岳圣帝的神迹及其属下尊神。

　　如果追溯东岳圣帝的神迹，可追溯到泰山信仰。在我国对于泰山的崇拜，已有数千年的历史。但泰山神真正影响中国人的宗教生活则是从东汉开始的，东汉时期信仰的泰山神，虽然地处泰山，但并不司山事，也不主

◎ 泰山岱庙

地事，而是以幽冥界主宰的身份招魂治鬼，主治生死。因为古人认为，东方是万物开始形成的地方，所以东岳泰山知道人们生命的寿夭长短。生死之事是世俗人间最为关心的问题，泰山神因为具有了"主人死生"的神性，因而受到日益普遍的信仰。

除了由山神变为冥神外，泰山神还经历了由自然神变为人格神的复杂过程。因为信徒是人，所以只有具备一定人格的神灵才更能满足人们的需要。但由于不同的历史时期有不同的社会内容，东岳圣帝也就具有了不同的人格说法。汉代纬书《龙鱼河图》说：

◎ 东岳大帝像

"泰山神姓圆，名常龙。"《五岳真形图》说："东岳岁崇。"《洞天福地记》、《洞渊集》、《博闻录》等书说："泰山名蓬元。"陶弘景《真灵位业图》说："泰山君秦颉，字景倩。"《氏族博考》说："东岳姓元丘，名目陆。"《孝经援神契》等书说泰山乃天帝之孙。《神仙传》则说太山府君是西王母小女真夫人第三子，因为"年少好游逸，委官废事"，"降主事东岳……司鬼神"。而据《酉阳杂俎》记载，泰山神则姓刘，是个被强夺了宝座的天帝，因为失治而在五岳徘徊作灾，后被任命为"泰山太守，主生死之籍"。可见泰山神主历代可以不同，依道书说为五百年一替，洪迈《夷坚志》还记有生前正直之人死后充任泰山府君的传说。

元代，《搜神广记》对泰山神作了较为完整的记载，认为东岳泰山神是盘古氏的后裔、金轮王之弟少海氏与其妻弥轮仙女所生，说弥轮仙女夜晚做梦吞食了两轮太阳，于是怀孕，生了两个儿子，长子叫金蝉氏，次子叫

金虹氏。金虹氏就是东岳帝君，其大哥金蝉氏是东华帝君。因为金虹氏在长白山建业有功，到了伏羲氏时期被封为太岁，于是就以岁为姓，名崇。到了神农时代，又赐天符都官，号名府君。直到汉明帝时被封为太山元帅，掌管阳间富贵以及地狱生死之期。

明代又出现了东岳大帝为黄飞虎之说，《封神演义》说姜子牙封黄飞虎为"东岳泰山天齐仁圣大帝"，"总管天帝人间吉凶祸福"，"执掌幽冥地府一十八重地狱，凡一应生死转化人神仙鬼，俱东岳勘对"，此说尽管是小说家虚构，但在民间亦曾广为流传，影响极大。元明以后，各地东岳庙祀奉的主神东岳大帝，或姓岁，或姓黄，二说并行不悖。如北京东岳庙主祀之泰山神东岳大帝为金虹氏岁崇，浙江余杭区临平景星观所供东岳大帝为"黄爷菩萨"——黄飞虎。

汉代以后的历代封建帝王，为了维护其统治，神道设教，对泰山神大力推崇，将其列入国家的重要祀典。公元696年，即唐代武后通天元年，尊泰山神为"天齐神君"。公元713年，即唐玄宗开元十三年，加封为"天齐王"。公元1008年，即宋代大中祥符元年，封为"天齐仁圣王"，四年又封为"东岳天齐仁圣大帝"。其间又于祥符二年在泰山岱庙建天祝殿，内祀"东岳泰山之神"。

随着封建统治者对泰山神的顶礼膜拜和晋爵加封，"东岳大帝"的形象被逐渐树立起来，比原来的泰山神更趋人格化、神圣化了。随着儒、道、释三者的互相影响与渗透，东岳大帝信仰也得到丰富和发展，人们认为东岳大帝主宰幽冥十八层地狱及世人生死贵贱，庙中一般还配有十殿阎君、七十六司。民间信仰认为东岳大帝是阎罗王的上司，各地城隍审理的案件，最后也都要汇总到东岳来。

据传，东岳大帝有五子一女，三子炳灵公和其女碧霞元君在民间深受崇祀。在圣帝和其儿女麾下又有一大群职司之神，这样就构成泰山庞大的神灵系统。

碧霞元君即天仙玉女泰山碧霞元君，俗称泰山娘娘、泰山老奶奶、泰山老母等，道教认为，碧霞元君"庇佑众生，灵应九州"，"统摄岳府神兵，照察人间善恶"。碧霞元君是道教中的重要女神,是中国历史上影响最大的女神之一。

据史载,宋真宗东封泰山,在玉女池洗手,一石人浮出水面,此乃玉女。宋真宗于是下令疏浚该池,用白玉重雕玉女神像,命有司建祠并更名为"昭真祠",遣使致祭,号为"圣帝之女",封"天仙玉女碧霞元君"。明朝时,将昭真祠又更名为"灵应宫",后又扩建,增大规模,为碧霞宫,赐号"碧霞元君"。

◎ 东岳太子炳灵公像

因朝廷施行祀典复古,诏去泰山神帝号,同时强化其神之官方色彩,严禁民间"非礼之渎",使泰山神信仰由民间祀典向官方祀典回归。民间对于泰山的崇祀活动,只得另寻其对象,亦即清人孔贞瑄《泰山纪胜》所云:"东岳非小民所得祀,故假借碧霞云尔。"自公元1445年,即正统十年始,内廷不断下诏发帑重修岱顶昭真祠;至明宪宗嗣位,"遣廷臣以祀方岳,又时命中贵有事于(昭真)祠",开启了致祭元君的先例;公元1483年,即成化十九年重修昭真祠后,宪宗赐额为"碧霞灵应宫"。在民间,老母形象的碧霞元君更是取得了巨大的成功,"四方以进香来谒元君者,辄号泣如赤子久离父母膝下者"。与此同时,元君庙祀亦由泰山渐向周边传播,由京师,而北直,而江南,渐成为普及全国的民俗信仰。

与其父东岳圣帝主管死亡、治理鬼魂的世界不同,碧霞元君主要管生:从生育到一般的生活。所以人们每有疾病和其他灾祸,遇有无法排遣的烦

恼忧愁,都会想起上山进香,祈求恩典,化解自己的困难和忧虑。

炳灵公为东岳圣帝的第三个儿子,俗称泰山三郎。泰山神有子,始见于《魏书》,后渐有五子、七子之说。诸子中以三郎最著名,其夫人为永泰公主。

唐以前,炳灵公传为恶人形象,骑从华丽,忓若峰王,"鲁人畏敬,过于天齐"。后唐长兴四年(933),明宗皇帝生病,泰山一位僧人进药,药到病除,泰山僧为三郎请封,于是封泰山三郎为"威雄将军"。宋大中祥符七年(1014)的七月十五日,诏封为"炳灵公"。道书以农历五月十二为炳灵公诞辰。这位三郎,在通常的东岳庙中,常居于东岳圣帝塑像之侧的另一神龛中。不过,原来在泰山他就有过自己的专庙。而在大江南北的许多地方,他也常坐在自己的专庙中独享香火,原因是,在民间他曾被当成火神供奉。

在东岳神系中,除了东岳及其儿女炳灵公、碧霞元君之外,还有许多专职神祇,其中东岳属将是供大帝使唤,在殿前作为护法的神将。这些属将大多是英灵威武,或者生前积有功德,受封为不同等级的冥间将军、元帅,如温元帅、张元帅等。再有就是十殿阎君、七十六司等专职神祇,因其特别职能而受到人们普遍的崇拜。阎君与地司将在下节作专门介绍,这里不再赘述。

十殿阎君　权秉生死

太清宫内东岳殿两侧的厢房为十王殿，里面供奉着十殿阎君。十殿阎君，又称十王真君，为地府十殿冥官，乃东岳大帝部属，主管人之生死、转世及因果报应之事。

阎王原来是古印度神话中管理阴间的天王，据《问地狱经》载，阎王从前是毗沙国的国王，在与维陀始生王的战争中因兵力不敌而立誓，愿为地狱之主。他手下的十八大臣率领所属百万众共同立誓，共治地狱罪人。十八臣就是后来的十八地狱之小王，百万之众即后来地狱的众多狱卒。随着佛教传入中国，佛、道教信仰互相吸收、影响、渗透，阎王的观念也开始被人们接受，中国民间原本就有关于鬼神的观念，这在中国本土道教信仰的"东岳大帝"身上得到了体现。阎王观念被东岳信仰改造、吸收和采纳。另一方面，佛教本身为了发展也主动本土化，吸收了许多道教的观念，以适应新的社会环境。于是在佛教中原本只有一位的阎王，逐渐演变成为具有汉化色彩的"十殿阎王"，又称"十殿阎君"。"十殿阎君"信仰形成的具体时间没有确切的证据，大多认为是在宋朝时期。这时，阎王已经成为

◎ 第一、三、五、七、九殿阎君像

"十殿阎君"里的第五殿阎王,而且被认为是由北宋时期的大臣包拯担任。

十殿阎君在我国民间影响很大,对信徒来说,阎君是阴间的国王,人死后都要到阴间去报道,接受阎君的审判。生前行善者,可升天堂,享富贵;生前作恶者,会受惩罚,下地狱。十殿阎君是指十个主管地狱的阎君的总称,这一说法始于唐末。十殿阎君分别是:秦广王、楚江王、宋帝王、五官王、阎罗王、卞城王、泰山王、都市王、平等王、转轮王。

先说这第一殿秦广王,其殿位居大海中间的沃礁石之外,在正西的黄泉黑路上。他专管人间的长寿与夭折、出生与死亡,统一管理阴间的吉、凶鬼判。凡是善人寿终的时候,就被接引往生天堂。如果是功德和罪过各半的男人、女人,死后就送交到第十殿,发送他们仍然投生到人间。有的男人转为女人,有的女人转为男人,各按照他们在人世间所做的行为、因缘,分别去接受果报。凡是在世间恶行较多、善行较少的人,则引入殿右边的高台,称为孽镜台。被押鬼魂在镜子里观看自己在世时的奸险凶残,以及做过的种种坏事和死后在地狱受苦的惨状。照过镜台后,押解到第二殿,开始将犯人分发地狱,运用刑具,让作恶的人受各种痛苦的刑罚。

第二殿楚江王,主管大海之底、正南方沃礁石下的活大地狱。这个地狱纵横八千里,下设十六个小地狱:一是黑云沙小地狱;二是粪尿泥小地狱;三是五叉小地狱;四是饥饿小地狱;五是焦渴小地狱;六是脓血小地狱;七是铜斧小地狱;八是多铜斧小地狱;九是铁铠小地狱;十是幽量小地狱;十一是鸡小地狱;十二是灰河小地狱;十三是斫截小地狱;十四是剑叶小地狱;十五是狐狼小地狱;十六是寒冰小地狱。凡是在阳间伤人肌体、奸盗杀人者,死后就会被囚入押禁在这个活大地狱。所犯罪恶一一考查,根据情节轻重,酌情发落。祸害重者,就命令狰狞、赤发等鬼,推入大地狱受苦。祸害轻者,发放到小地狱受苦。受刑期满,再转押到第三殿。

第三殿宋帝王,主管大海之底、东南方沃礁石下的黑绳大地狱。这个地狱宽广八千里,也另设有十六个小地狱:一是碱卤小地狱;二是麻环枷纽小地狱；三是穿肋小地狱；四是铜铁刮脸小地狱；五是刮脂小地狱；六是钳挤心肝小地狱；七是挖眼小地狱；八是铲皮小地狱；九是刖足小地狱；十是拔手脚甲小地狱；十一是吸血小地狱；十二是倒吊小地狱；十三是分髃小地狱（髃，肩前骨名）；十四是蛆蛀小地狱；十五是击膝小地狱；十六是爬心小地狱（爬，似葫芦中间挖空）。凡是在阳间忤逆尊长、教唆兴讼的人，死后推入此狱，另发至几重小狱受苦，期满押至第四殿。

第四殿五官王，掌管大海之底、正东方沃燋石下的合大地狱。这个地狱宽广各八千里，也设有十六个小地狱：一是砼池小地狱；二是弩炼竹签小地狱；三是沸汤浇手小地狱；四是掌醅流液小地狱；五是断筋剔骨小地狱；六是三刃戟肩小地狱；七是钻肤小地狱；八是蹲峰小地狱；九是铁衣小地狱；十是木石土瓦压小地狱；十一是戮眼小地狱；十二是飞灰塞口小地狱；十三是灌药小地狱；十四是油豆滑跌小地狱；十五是刺嘴小地狱；十六是碎石埋身小地狱。凡世人交易欺诈者，推入此狱，另再发小狱受苦，期满押至第五殿。

第五殿阎罗天子，掌管大海之底、东北方沃燋石下的叫唤大地狱，并管理十六诛心小地狱。小地狱内，各地埋设有危险的木桩，用铜蛇做成链子，用铁铸的狗做土堆。将恶人捆绑、压制住手脚，再用一小刀，将罪人开膛破肚，钩出心脏，一块块地割下来，心脏给蛇吃，肠子给狗吃。凡解至此殿者，押赴望乡台，令之闻见世上本家因罪遭殃各事，随即推入此狱，再发诛心小狱，钩心饲蛇，期满发至第六殿。

◎ 第二、四、六、八、十殿阎君像

第六殿卞城王，掌管大海之底、正北方沃礁石下的大叫唤大地狱，宽广八千里，四周另设有十六个小地狱：一是常跪铁砂小地狱；二是屎泥浸身小地狱；三是磨推流血小地狱；四是钳嘴含针小地狱；五是割肾鼠咬小地狱；六是棘网惶钻小地狱；七是碓捣肉浆小地狱；八是裂皮暨擂小地狱；九是衔火闭喉小地狱；十是桑火鞋烘小地狱；十一是粪污小地狱；十二是牛雕马躁小地狱；十三是铓窍小地狱；十四是琢头壳小地狱；十五是腰斩小地狱；十六是剥皮腊液小地狱。凡世人怨天尤地者，发入此狱，再发小狱受苦，期满押至第七殿。

第七殿泰山王，掌管大海底、西北方沃礁石下的热恼大地狱。这个地狱方圆八千里，并另外设有十六个小地狱：一是锤衄自吞小地狱；二是笞腿火逼坑小地狱；三是剐胸小地狱；四是丫杈抚发小地狱；五是犬咬胫骨小地狱；六是顶石蹲身小地狱；七是击打顶开额小地狱；八是燠痛哭狗墩小地狱；九是剥皮猪拖小地狱；十是貓鹁上下啄咬小地狱；十一是吊筜足小地狱；十二是拔舌穿腮小地狱；十三是抽肠小地狱；十四是骡踏獾嚼小地狱；十五是烙手指小地狱；十六是油釜滚烹小地狱。凡阳间取骸合药、离人至戚者，发入此狱，再发小狱受苦，期满解押第八殿。

第八殿都市王，掌管大海之底、正西方沃礁石下的大热恼大地狱。这个地狱宽长八千里，另设有十六个小地狱：一是车崩小地狱；二是闷锅小地狱；三是碎剐小地狱；四是捽孔小地狱；五是剪辞小地狱；六是常圊小地狱；七是断肢小地狱；八是煎脏小地狱；九是炙髓小地狱；十是爬肠小地狱；十一是焚臁小地狱；十二是开膛小地狱；十三是剐胸小地狱；十四是破顶撬齿小地狱；十五是斫割小地狱；十六是钢叉小地狱。凡在世不孝者，掷入此狱，再交各小狱加刑。受尽苦楚，解交第十殿，改头换面，永为畜类。

第九殿平等王，掌管大海之底、西南方沃礁石下的阿鼻大地狱。这个地狱铁网环绕重叠，其周围宽广八千里，在密密铺设的铁网之内，另设有十六个小地狱：一是敲骨灼身小地狱；二是抽筋擂骨小地狱；三是鸦食心

肝小地狱；四是狗食肠肺小地狱；五是身溅热油小地狱；六是脑箍舌拨齿小地狱；七是取脑蝐填小地狱；八是蒸头刮脑小地狱；九是羊搐成醢小地狱；十是木夹顶蹉小地狱；十一是磨心小地狱；十二是沸汤淋身小地狱；十三是黄蜂小地狱；十四是蚁蛀熬肫小地狱；十五是蝎钩小地狱；十六是紫赤毒蛇钻孔小地狱。凡阳间杀人放火、斩绞正法者，解到本殿，用空心铜柱使其手足相抱，烫烬心肝，然后发阿鼻大地狱受刑，直到被害者个个投生，方准提出，解交第十殿发生六道。

第十殿转轮王，其殿在阴间沃礁石外、正东方直对五浊世界的地方。设有金、银、玉、石、木板、奈何等六座桥，专门管理从各殿押解来的鬼魂，分别核定他们罪福的大小，发往四大部洲的适当地方去投生。有投生为男身或女身的，有长寿或短命的，有投生富贵之家或贫贱之家的。将这些投生的人，一一地详细记载，每月汇集起来，通知第一殿，在注册后，呈送丰都冥府。再根据阴间的法律，按投胎者的罪福情况，其投胎出生方式分为：胎生、卵生、湿生、化生；无足、两足、四足、多足等类。

各类生灵，死后为"渐"鬼，再根据他们的罪、德大小，依次投胎。有些一年或一季即死；有些朝生暮死，反复地依罪变换。不管是必定被杀而死，还是不一定被杀而死，一律送到转劫所内，考查、计算他在阳世时所犯的过错，分发到各方去受报应。到了岁终的时候，汇集受报情况，送交丰都冥府备案。

七十六司　各司其职

十王殿后即为地司殿，供奉地府判官。其属东岳大帝统辖，掌管阳世间善恶祸福、因果报应、轮回转世。东岳大帝统领下的幽冥地府共有七十六个办事机构，称为七十六司，各司皆有神主，俗称地府判官。

若论七十六司的源起，还要从泰山追根溯源。东汉以来，民间便将泰山视为治鬼之所，认为人死归土，都要到这里接受审判。蒿里、梁父等泰山下面的小山便成了招人魂魄的幽冥地府。魏晋南北朝开始，道教逐渐将山川崇拜的神纳入自己的神谱，这样泰山神成为道教神系。梁朝陶弘景《真灵位业图》认为："鬼官有七十五职名，显者凡百一十九人。"这大概就是幽冥地府七十六司的源起。从《道藏》宋代道士吕元素所集《道门定制》"更籍醮地府七十二司圣位"和元朝《东岳大生宝忏》中七十五司判官的设置来看，道教地府判官的设置已经形成。

一般来说，七十六司依次为：掌教签押司、掌生死司、掌生死勾押推勘司、掌斋僧道司、掌修功德司、掌看经司、掌注生贵贱司、掌三月长斋司、掌勾生死司、掌取人司、掌掠剩财物司、掌增福延寿司、掌官职司、掌追取罪人照证司、掌词状司、掌曹吏司、掌行瘟疫司、掌飞禽司、掌山林鬼神、掌宿业疾病司、掌畜生司、掌水府司、掌地狱司、掌十五种善生司、掌十五种恶死司、掌无主孤魂司、掌行雨地分司、掌风伯司、掌较量司、掌堕胎落子司、掌阴谋司、掌欺昧司、掌僧道司、掌城隍司、掌贼盗司、掌山神司、掌土地司、掌精怪司、掌魍魉司、掌门神司、掌枉死司、掌索命司、掌推勘司、掌行污司、掌放生司、掌杀生司、掌施药司、掌善报司、掌恶报司、掌忠孝司、掌忤逆司、掌所生贵贱、掌注福司、掌胎生司、掌卵生司、掌湿生司、掌化生司、掌水族司、掌长寿司、掌促寿司、

◎ 掌福寿司

◎ 掌积财司

掌催行司、掌黄病司、掌毒药司、掌积财司、掌还魂司、掌见报司、掌正直司、掌子孙司、掌引路司、掌磨勘司、掌督察司、掌苦楚司、掌举意司、掌悯众司、掌速报司、真官土地司。

七十六司是东岳大帝统辖下的审判机关，"以人世政治加诸鬼神"，构成了冥府善恶报应，生死循环系统。追取罪人照证司负责侦察，搜集罪证；取人司前去缉拿；催行司督促；推勘司初审；磨勘司、较量司、都察司进行调查、取证、推理以及督察等工作；生死勾押推勘司最终判决；勾生死司判决生与死。如有冤假错案，索命司攫取恶人性命，还魂司则将善人遣返阳间。各司所判文案，由都签押司盖章画押。真可谓明察秋毫，疏而不漏。善恶果报，历历不爽，凿凿可据。所宣扬的就是道教仁民爱物、忠君孝亲的伦理思想，目的是惩恶扬善，告诫人们时刻反省自己的思想行为，密切注意黑暗的社会现实，以求政通人和，国泰民安。其权限与职分的划

◎ 掌忠孝司

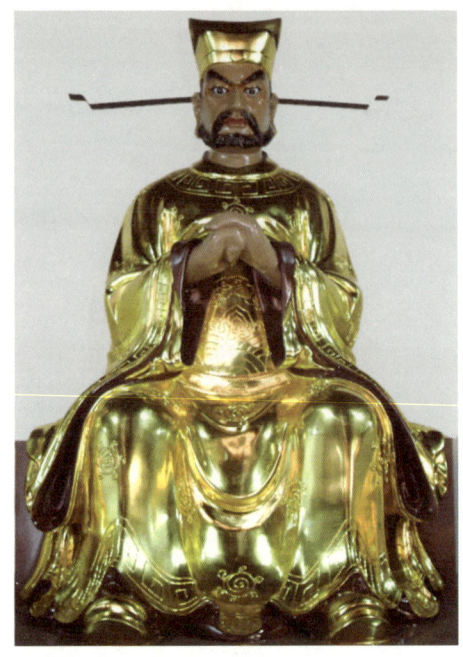
◎ 掌速报司

分，正是人们政治观念的反映。

除有七十六司、七十五司、七十二司的差别外，还有的东岳庙只有二十司，有的索性只有十个司。由于太清宫殿堂空间有限，现在仅供奉十六司，相比而言，这十六司的职能同现代人的生活联系更为密切一些。

地司主掌人间生死之事，因此太清宫地司殿必然要供奉掌生死司。该司主要掌管世间万物的生死之事，根据人的善行恶举，决定其寿命长短。告诫世人要修身从善，才能健康长寿。供桌上常摆放引魂杖，可以将人的魂魄引至此地受审。

因为七十六司是幽冥地府的办事机构，向阎君汇报传达人间善恶的机构非常重要，这是冥府开展工作的基础，所以殿内供掌善报司和掌恶报司。掌善报司主要掌管人间所有善报之事，世上人们的种种善行全部在这里汇集。即使作恶之人有了善行，也要由善报司将其功过加以折算，分毫不差。凡是行善的人都由掌善报司给予善报。同样，任何恶事的发生也有专门的

机构进行汇报，就是由掌恶报司掌管，世人的种种恶行都汇集于此。"恶报"即行恶事必食其果。相传掌恶报司神为宋朝包拯，他办事公正，善恶分明。

福禄寿财是中国老百姓所共同追求的，掌福寿、官职、长寿、积财司成为众多信徒朝拜的神灵。其中，掌福寿司主要掌管人间福寿之事，即根据人的善行善举，决定其享受"福寿"的多寡。相传主管该司的神叫杨公丞，是古代一位有名的相士，占卜吉凶，预知未来，十分灵验。正月初二是掌福寿司神诞辰，人们都要来此朝拜掌福寿司神，以求添福延寿。掌官职司神是保佑人间官职的神灵。相传该神为周文王长子伯邑考，掌管朝廷官员，能识别人之淳良和官职胜任之事。凡想步入仕途或祈求升官加职者，都可以前来祭拜。掌官职司要求为官者清正廉洁、奉公守法，否则，就会惩罚他们。掌长寿司主管人间长寿之事。相传掌长寿司神是寿星身边的一

◎ 掌善报司

◎ 掌恶报司

◎ 掌疾病司

◎ 掌生死司

只神鹿，知人寿命之长短，可助人长寿。曾助姜子牙伐商，后被封神，成为延寿之神。掌积财司主管人间积财之事。相传掌积财司神为汉朝一位姓杨的书生，善于聚财，有独特的生财秘方。据说，掌积财司神能将一种叫"榆树"的叶子变钱，有用不完的钱。所以，每到新年，人们就会用织好的古钱、元宝等前来祭拜，以求积财有余，免受破财之灾。

中国传统文化讲究"不孝有三，无后为大"，一个人若能子孙兴旺，并使子孙获得健康、快乐的成长，便是他莫大的福分。殿内掌子孙司神就是掌管人间子孙事务的神灵，他能护佑子孙健康成长，并促使父母对子女进行培养和教育，使他们成为自食其力、有益于社会的人。培养子女是父母应尽的义务，但一个人的命运也是由多方面决定的，祈求子孙有好命是大多数家长的愿望，当然也是每个人的心愿。祭拜掌贵贱司神就成为香客的重要事项。本司主管人间贵贱之事，根据世人今生所作善恶多少，决定其来世所处地位之贵贱。相传掌贵贱司神为五云真人，他有五支竹筒，里面装着不同颜色的云，每种颜色代表一种命运。据说，孩子将要出世之时，子孙娘娘就把孩子的魂魄交与五云真人，五云真人将其魂魄装入其中竹筒内，交与送生娘娘，然后由送生娘娘将其送至各家。所以孩子出生前，家长们都要来拜掌贵贱司神，祈求孩子能有一个好命运。

人生难免生老病死，疾病也是困扰人们的一大难题，殿内掌疾病司神像前也是香火不断。该司全称"掌宿业疾病司"，"宿业"就是宿世的冤业，宿业疾病是医药所不能治愈的疾病。道教认为，得了此病，只要发愿持戒修善，善功既增，恶业自消。相传，掌疾病司神是汉朝大将军冯异，后得道成仙。信徒朝拜掌疾病司神，祈求恶疾消除或不生。

忠孝是传统社会中人们的立身之本，掌忠孝司主管人间忠孝之事。相传掌忠孝司神是忠孝两全的岳飞，民间流传着"奖孝还魂"的故事。要求世人奉行忠孝之道，自然会福寿双全。现代香客祭拜掌忠孝司神，更多是期盼子孙奉行孝道、孝敬双亲。

除了涉及个人生老病死、福寿财禄、忠孝立身等地司神外，殿内还供奉了五尊管理类的地司神。其中，掌土地司神就是管理一方土地的守护神，他保佑五谷丰登、家宅平安。朝拜土地司神自然会保佑家庭平安、人丁兴旺。掌城隍司就是城隍的管理机构，城隍是地方城市守护神，兼管人间善恶祸福之事。本司主管天下城隍神，每年的最后一天，各地城隍都要到城隍司来汇报地方民风及人间善恶情况。相传主管该司之神名为刘玄，原是京师的守城官，忠诚正直，威名远扬。掌曹吏司主管监察世间官吏之行为，要求他们必须具备公心，大公无私，处事仁德，为政清廉。只有这样才能保证死后在阴间的官职，保佑世间子孙平安幸福。相传曹吏司神为汉代司法官曹参，他精通司法之道，公正廉明。

掌速报司就是现在所谓的特别通道，主管人间快速报应之事。道教认为"善恶之报，如影随形"。相传速报司神为岳飞，因为他含冤而死，能够体会受人冤屈的心情，自然能够从速办理，惩恶扬善。一般来说，信徒有冤屈之事，多来朝拜速报司神。

◎ 掌曹吏司

◎ 掌都察司

还有，就是掌都察司，该司主管监督、考察世间执法官吏之行为，要求他们判案公正严明，严格掌握法律尺度，不得有误。都察司神每年都要来世间巡察执法官员，对执法犯法者给予相应的惩罚。

不仅各司神审案，香客们还举行仪式，帮助审案。据载，七月杭州东岳庙"夜审"极其隆重。夜里十时许，装扮成的清朝吏役，分站大殿左右，三声喊堂后，一扮书吏者，高持册簿，上前行跪叩首。礼毕，至东岳大帝侧肃立，按册上所列姓名，一一点唱，下立者循声答应。鸣金擂鼓三次，将堆积冥镪焚化，霎时火光烛天，烟雾弥漫。之后，扮书吏者，提鬼听审，下立者上前接提牌，拥往地狱。已装扮好的鬼，铁链锁颈，狂奔至大殿附跪，由旁立者一一审问。审毕，鸣金擂鼓退堂。在这里，"有集团的合作行为，有清洁的布置，有热烈的情感，有严正的秩序"，人人平等，人人铁面无私，表现出追求社会公平、赏罚分明、秉公执法的极大愿望。

天后妈祖　和平女神

道观东厢房，有一个不起眼的殿堂，殿内供奉着航海保护神"天后妈祖"。因上海地处沿海地带，妈祖神在广大道教信徒心目中有着十分重要的地位和影响。

妈祖信仰已历千年，其延续之久、传播之广、影响之深，在我国道教神系中也是少有的。据统计，目前全世界共有妈祖庙5000多座，妈祖信徒近3亿人。妈祖已从福建湄洲逐渐走向世界，随着华人的足迹遍及全球，包括日本、加拿大、美国、法国、丹麦、巴西等国家，以及东南亚一带都有妈祖信仰，妈祖已经成为一尊跨越国界的国际性神祇。

妈祖信仰的传播和发展具有海洋历史发展的渊源，是海洋文化发展的必然现象。中国是一个兼具陆海生态环境多样性的大国，海洋是中华民族生存和发展的重要环境，经过了悠久岁月的沉淀，中国发展出了自己独特

◎ 湄洲妈祖祖庙

◎ 天妃像

的海洋社会文化。上海浦东东临大海，西、北两面为黄浦江、长江所隔，沿东海海岸线至南汇、奉贤与金山区界地段，海岸线全长59.73公里，属于典型的江海文化地域，因此，妈祖信仰非常普遍。上海太清宫原为一所东岳行祠，但因信徒中妈祖信仰较为普遍，所以，在东岳殿和三清殿间的东厢房内专设天妃殿供香客祭拜。

妈祖，被尊为海上和平女神，又称天妃、天后、天上圣母、娘妈。在宋、元、明、清几个朝代受到多次褒封，封号从"夫人"、"天妃"、"天后"到"天上圣母"，并列入国家祀典。从宋朝起至清朝，先后受到历代皇帝36次册封。是历代海洋贸易者、船工、海员、旅客、商人和渔民共同信奉的神祇，尤其在福建、广东、海南、台湾以及东南亚有广泛的妈祖信仰，许多沿海地区均建有妈祖庙。其道教封号为"辅兜昭孝纯正灵应孚济护国庇民妙灵昭应弘仁普济天妃"。

妈祖最初在民间受到人们的信奉，后来逐渐进入道教神祇行列。妈祖进入官方祀典后，从宋迄清，封号层层加码。宋代宣和年间（1123左右），官员路允迪奉诏出使高丽，遇到了大风，其他船只都覆没了，独有路允迪坐的大船得到了妈祖的救护，免于没顶之灾。路允迪回朝后，奏明朝廷，特赐妈祖"顺济灵妃"的封号。

宋代以后，妈祖就作为海上救难女神受到沿海人民的供奉。宋徽宗赐封"顺济夫人"，御赐庙额。元代重视海运，官府航船，必先到妈祖庙祭祀，元世祖封为"护国明著天妃"，各地普建天妃庙。明代郑和下西洋，郑成功收复台湾，据说都曾得到天妃的佑助。明崇祯帝褒封为"碧霞元君"。清康熙帝封为"昭灵显应仁慈天后"，列入国家祀典，其信仰亦相继传到东南亚、日本、朝鲜等地。清代妈祖信仰的提升还得益于施琅大将军的推荐。史载，施琅奉旨征台之时发现了一口老井，往常雨水丰沛，井水不过百人之用。但施琅派人淘挖时，泉水大出，数千兵马饮用不缺。虔诚的施琅认定是妈祖显灵助他旗开得胜，凯旋之日立刻上奏朝廷敕封妈祖。

妈祖原为莆田望族九牧林氏后裔，真名为林默，小名默娘，于宋建隆元年（960）三月廿三日诞生于莆田县湄洲岛，祖父林孚官居福建总管，父林愿（惟悫）在宋初官任都巡检。在她出生之前，父母已生过五个女儿和一个儿子，盼望再生一个儿子，因而朝夕焚香祝天，祈求早赐麟儿，可是这一胎又是一个女婴，父母有些失望。就在这个女婴将要出生的那个傍晚，邻里乡亲看见流星化为一道红光从西北天空射来，晶莹夺目，照耀得岛屿上的岩石都发红了。所以，父母感到这个女婴必非等闲之女，也就特别疼爱。因为她从出生至满月都不啼哭，父母便给她取名林默，又称她为林默娘、默娘。

林默幼年时就比其他姐妹聪明颖悟，八岁从塾师启蒙读书，不但能过目成诵，而且能理解文字的义旨。相传，其曾遇道人授以"玄微真法"，长大成人后，曾于古井中得"天书"，从此颇具神异，通晓变化，治病救人，深受当地百姓信赖。她专心致志地做慈善公益事业，平素精研医理，为人治病，教人防疫消灾，人们都感颂她。她性情和顺，热心助人。只要能为乡亲排难解忧，她都乐意去做，还经常引导人们避凶趋吉。人们遇到困难，也都愿意跟她商量，请她帮助。生长在大海之滨的林默，还洞晓天文气象，熟习水性。湄洲岛与大陆之间的海峡有不少礁石，在这海域里遇难的渔舟、商船，常得到林默的救助，因而人们传说她能"乘席渡海"。她还会预测天气变化，事前告知船户可否出航，所以人们又传说她能"预知休咎事"，称她为"神女"、"龙女"。

据《三教搜神大全》记载，她曾在家中织布时，突然晕厥，出元神赴

◎ 妈祖石像

海上救护遇难之四位兄长，父母不知，以为患风疾，将她摇醒，结果仅救回三人。此事传出后，默娘名声大振，后辞别家人，独自泛舟远去，从此没有归来。由于她为百姓做过很多好事，大家都很怀念她。宋太宗雍熙四年（987）九月初九，是年仅28岁的林默升仙之日。这一天，湄洲岛上群众纷纷传说，他们看见湄峰山上有朵彩云冉冉升起，又恍惚听见空中有一阵阵悦耳的音乐。

从此以后，航海的人又传说常见林默身着红装飞翔在海上，救助遇难呼救的人。因此，海船上就逐渐地普遍供奉妈祖神像，以祈求航行平安顺利。

妈祖升仙后，乡人感其生前治病救人的恩惠，于同年在湄洲岛上建庙祀之，这就是名闻遐迩的湄洲妈祖庙，该庙位于台湾海峡西中部湄洲，隶属福建省莆田市。祖庙于宋天圣年间（1023—1032）扩建，日臻雄伟。明永乐年间（1403—1424），航海家郑和曾两次奉旨来湄屿主持御祭仪式并扩建庙宇。至清康熙时，祖庙已形成了具有五组建筑群的"海上龙宫"。可惜，原有金碧辉煌的建筑群已废圮，现存原建只剩下"林默的父母祠"，规模较小。近年来，湄洲祖庙进行了大量的复原修建工作，还另投巨资兴建了妈祖新殿，新殿宏伟壮观，被世人誉为"海上布达拉宫"，是全世界妈祖信众心中的圣地。

上海自宋代设市舶司以来，一直是海上贸易的重镇，也是妈祖信仰的传播地之一。最初，上海的妈祖信仰只是限于往返于莆田—上海的海商，

随后逐步扩散到上海民众中。元代以后,随着妈祖信徒的增多,上海的妈祖庙也增多起来。但由于各种原因,妈祖庙屡毁屡兴。王韬在《瓮牖余谈》中记载了上海东关外顺济庙祭拜妈祖的盛况:"海舶抵沪,例必斩牲演剧。香火之盛,甲于一方。"从中可见经过惊涛骇浪之险而平安抵达上海的海商以珍贵的祭器、隆重的祭典来表达自己对海神妈祖的感戴之情,其场面之盛大壮观成了沪上一道独特的风景线。因传统的影响,浦东妈祖信仰一直香火不断,太清宫为满足广大信徒的信仰需求,专设天妃殿供香客朝拜。近年来,随着浦东临港新城、洋山深水港等项目的建立,海洋文化蔚然成风,妈祖文化作为道教传统文化和信仰得到了进一步的发展。

当前,随着改革开放的进一步深入,特别是上海在建设国际大都市的背景下,弘扬海洋文化的需要进一步凸显,妈祖信仰作为江海文化的重要因子得到了充分的发展。海洋文化中开放、独立的特征更加适应当前世界发展的潮流。另外,妈祖作为海峡两岸的共同文化因子,作为世界和平女神,有利于祖国早日和平统一。

巧圣鲁班　工匠始祖

与天妃殿相对的是西厢房鲁班殿，殿内供奉的"鲁班仙师"，是建筑行业的祖师爷，信徒众多，影响广泛。平日里，我们就会看到许多香客在殿堂敬香礼拜，祈福消灾。逢阴历六月十三、先师圣诞之时，前来鲁班殿朝拜的信徒更是络绎不绝，人满为患。

鲁班信仰在浦东有着深厚的基础。尤其是浦东的营造业者对鲁班的信奉非常虔诚，他们不仅把鲁班尊为行业的保护神，更把鲁班视为精神的寄托、行为的楷模、做人的祖师。明清以来，浦东名人辈出，其中建筑业的巨子有杨斯盛、顾兰洲、赵增涛等，他们带出了一大批能工巧匠。在中国传统社会，各行业的从业人员都有本行业的祖师爷，其中以木工、石工、泥水等土木建筑为业的能工巧匠们，所供奉的祖师爷就是著名工匠鲁班。

鲁班，姓公输，名般，也称公输子、公输盘，春秋时鲁国人，是我国古代一位优秀的土木建筑工匠，也是一位出色的发明家，他有着

◎ 鲁班仙师像

高超的技艺,被誉为"天下巧匠"。史载鲁班为楚国造过云梯,还发明了许多建筑工具,如铲、刨、钻、曲尺等,据传墨斗和锯也是鲁班发明的。

据《鲁班先师源流》记载,鲁班出生时,成群的白鹤聚在他周围,居室里弥漫着奇异的香气,长久不散,一派神人降世的奇妙与美丽。到了七岁,鲁班仍然终日嬉戏玩耍,不思学习,令其父母十分忧虑。十五岁时,鲁班愤恨于各诸侯国相继称王的政治局面,于是像当时的纵横家一样游说各国,目的在于劝说各诸侯国服从周王朝的统治。鲁班游说失败后,在泰山之南的小和山归隐,十三年的时间不曾露其行迹。一次偶然的机遇,他受老者的指点,开始"注意雕镂刻画,欲令中华文物焕尔一新"。他发明规矩准绳,建室造物,授徒传艺。四十岁时,他再一次归隐历山,得到异人传授秘诀,成仙飞升。战国时,他被封为永成待诏义士,三年后,又加赠智慧法师。他在汉、唐、宋历代都"显踪助国",并且都有封号。据《鲁班书》记载,鲁班公在四川峨眉山因为鲁王造金殿有功,勋封为"鲁班仙师"。明代永乐年间建北京圣龙殿,也是有赖于鲁班降临指示,才得以顺利完工。人们为此建立庙宇来祭祀他,庙宇门上的匾写着"鲁班门",他被封为"待诏辅国太师北成侯","春秋二祭,礼用太牢"。

除了许多发明创造的故事外,先师还被描写成一位慈善的强者,能够帮助那些危难中的人们。相传,古时在一个建造"春秋亭"(纪念亭)的工地上,老师傅正在发愁。按照设计,用黄荆树做的大梁太短,用紫砂石做的亭盖太重,抬不上去。这时忽然来了一位老人,要求做工,给饭吃。老师傅说,下面的工作还不知怎么干呢,要吃饭,你自己去厨房吧!过了一会儿,老师傅到厨房一看,那老头不知到哪里去了,桌上却有奇怪的现象:一堆饭倒在桌子上,上面合着一只碗;一支筷子搁在碗上,两条吃剩的鱼衔着筷子两头。老师傅想了想,恍然大悟,立即召集工匠,做了两条大木鱼,衔住了那根黄荆树制的大梁,不但解决了短的问题,而且很好看。然后,工匠用泥土把整个亭子埋起来,沿着土坡,把沉重的紫砂石亭盖拉上去,找准位置,架到梁柱上,最后,把土扒掉,亭子就建成了。大家都说,那老人是鲁班,多亏他指点,才解决了困难。

◎ 济南千佛山鲁班殿

还有一次，工匠们在造房子时，因错量了主梁的尺寸，造成梁比所要求的尺寸短了一尺多。正当他们为这个难题发愁时，一位老人凑过来提供了一个解决办法。他说："把梁砍成两半，我来为你们安装。"工匠们照着他的说法做了，于是老人登上梯子安装了梁，在中间留出一个空当，并用一块印有福字的红绸填放其中。没有人能看出这根梁是分开的。工匠和砌砖的工人们看到这个新装法都很高兴，当他们转身向这位老人道谢时，他已经不见了，这位老人就是鲁班先师。鲁班的神灵一直永存在工作之中，并活在从事建筑工业的人们心中，他为人类创立了许多建筑技巧方面的技术。

　　旧时，鲁班是能工巧匠的卓越代表，也是劳动人民非凡聪明才智和创造力的化身，因此被许多行业奉为行业神。因为在传统社会，工匠们的手艺是师徒相传的，所以十分注重"尊师重道"的精神。他们最崇敬、最尊重的师傅就是鲁班先师。两千多年以来，鲁班的名字和有关他的故事，一直在广大人民群众中流传。传说每年的六月十三日是鲁班师傅的诞辰日，工匠们到时要结伴成群去鲁班庙烧香。在庆贺师傅寿诞时，他们还有一项特别的传统活动，叫做吃"师傅饭"。所谓吃"师傅饭"，就是在师傅寿诞那天煮一锅白米饭，再加上点菜肴，然后分给大家吃。相传吃了"师傅饭"的小孩，不仅能像鲁班那么聪明，而且还会十分健康伶俐。

　　浦东历来建有鲁班庙。原先，上海鲁班先师的金身在上海城隍庙的鲁班殿，是浦东营造业的领军人物、鲁班先师的忠实弟子杨斯盛等供奉的。1949年一批浦东营造商去香港时，把上海城隍庙的鲁班像带到香港，并在香港仿照上海鲁班殿的样式建起了鲁班庙。而上海城隍庙的鲁班殿在1966年发起的"文革"中被毁了，这样，金身鲁班像更显珍贵。1992年，在香港回归之前，鲁班先师的金身在钱振明先生等一批浦东籍鲁班弟子的推动下，回到上海改革开放的热土——浦东，曹路镇龙王庙设立了鲁班殿，供奉仙师。

据《中国行业神》记载，自古以来在大陆各地皆有供奉鲁班仙师、祭祀仙师庆典活动的情形。例如：在清代《乾隆京城全图》中有"鲁班庵"；北京精忠庙内有"鲁班殿"；北京正阳门外有"公输子祠"；清代吴县香山帮在苏州建有公所，内祀鲁班；在道教的元妙观也供奉鲁班公；嘉庆十五年于吴活憩桥巷内供奉有圣帝鲁班神像。《中华民国风俗志》记载，广州建筑业界为恭祝鲁班诞辰，有建醮游行之举；上海的陈行、豫园等地有造船公会所供奉的鲁班阁；淮安木匠有鲁班赛会；浙江浦江县的木、瓦、石匠视仙师的器具是法宝，能防妖避邪，工匠们都随身携带于身边，也供奉鲁班；长沙锯木业界建庙祭祀祖师鲁班；包头制作铁木轮车业与木匠联合组成鲁班社；等等。

太清宫地处浦东陆家嘴金融核心区，因历史悠久、道风严谨、规模宏大，在民众的现代生活中具有较大的影响，特别是对于道教信徒，更是他们祈福礼拜的重要场所。因此，到太清宫鲁班殿祭拜先师的香客非常多，其中有许多是从事建筑行业和房地产开发的信徒。

我们知道，浦东营造业队伍在浦东开发开放的大好时期，抓住机遇，奋勇前行，在建筑领域取得了非凡的成绩。在上海乃至全世界，许多高楼、桥梁、马路都凝聚着浦东营造业队伍的智慧与汗水。随着鲁班弟子在事业上的发展，许多营造队伍进军上海房地产领域，取得了极大的成功。例如，上海国泰创业集团有限公司的总裁包建国，就是一位鲁班子弟，他带领公司从无到有、从小到大、从弱到强，除一般商业住楼，先后承接了浙江通济大桥、上海苏州河乌镇路桥、浦东国际机场管道工程等40多个重点项

目，其中多项工程被评为"国家优良工程"和获得市"东方杯"奖。近年来，上海房地产业发展令世界瞩目，许多商人投身其中。但是，房地产业也是高风险的行业，受国家政策、国内外经济环境、原材料市场、资金链等多种因素的影响，加上资金投入量巨大，盈亏动辄上亿元，许多房地产商难以控制市场形势，于是受鲁班弟子的影响，开始祭拜鲁班祖师，希望仙师保佑生意兴旺，财源广进。

随着我国社会主义事业的推进，科教兴国显得尤为重要。我们应该学习鲁班勇于创新、勇于探索、勇于实践的精神，坚持自主创新，建设创新型国家。作为一种信仰对象，鲁班是中华民族勤劳智慧、敢于创新的典范，对中华民族的精神品格具有恒久的影响，值得大力提倡、永久发扬。

吕祖仙师　济世度人

吕祖仙师是太清宫供奉的重要神灵之一，深受浦东地区道教信徒们的信奉，就是一般游客也愿意来殿内礼拜仙师，祈求护佑。

吕祖仙师是道教"八仙"之一的吕洞宾。在道教史上，他是金丹派的重要代表人物，金丹南宗和北宗即全真道都接续了他的真传。所以全真派将他当成五祖之一。元代全真道受到朝廷的重视，吕祖也被尊为帝君。随着全真派传播到北方广大地区，吕祖庙也遍布整个北方。清代，全真派受

◎ 吕祖仙师像

到王常月公开传戒的推动,迅速往南方和西南传播,并逐渐走向全国,吕祖信仰也获得了更加广阔的空间。

在清代,吕祖是最有影响的神仙,无论是宫观中,还是一般信众的家中,都可以看到他的神像,这是由于人们信仰吕祖,将解决生活中苦难的希望寄托于神灵。另外,当时对吕祖信仰本身来说,已经形成了较为完整的体系。其中包括:吕祖神庙或神殿,它们是信徒崇拜的重要场所;吕祖神像,还可以请回家中供奉;与吕祖有关的书籍,其中被认为是吕祖所作的部分,被后人编成《吕祖全书》,此外尚有像《吕祖宝忏》一类劝善的小册子;扶乩、灵签和祈梦等民间常行的占问吉凶祸福的方法。这些吕祖神庙、神像、书籍以及相关的占凶问吉方法在社会上传播较广,使得吕祖信仰获得了较大的社会影响。

吕洞宾本人为唐代著名道士,后被奉为神仙。唐宋以来,他与铁拐李、汉钟离、蓝采和、张果老、何仙姑、韩湘子、曹国舅并称为"八仙"。他是八仙中最著名、民间传说最多的一位。

一种说法认为,吕洞宾为唐朝宗室,姓李,武则天时屠杀唐室子孙,于是携妻子隐居碧水丹山之间,改为吕姓。因常居岩石之下,故名岩。又常洞栖,故号洞宾。也有传说他是唐朝礼部侍郎吕渭之孙,因感仕途多蹇,转而学道。《宋史·陈抟传》记载吕岩为"关西逸人,有剑术,年百余岁。步履轻捷,顷刻数百里,数来抟斋中",是位修道有术的高士。《全唐诗》收有他的诗作二百多首。后世道教和民间称其为"剑仙"、"酒仙"、"诗仙"。

吕洞宾得道成仙之前,曾流落风尘,在长安酒肆中遇钟离权,"黄粱一梦",于是感悟,求其度化。经过钟离先生生死财色十试,心无所动,于是得受金液大丹与灵宝毕法。后来又遇火龙真君,传以日月交拜之法。又受火龙真人天遁剑法,自称"一断贪嗔,二断爱欲,三断烦恼",并发誓尽度天下众生,方愿上升仙去。

民间流传有吕洞宾三醉岳阳楼度铁拐李岳、飞剑斩黄龙等故事,吕仙形象深入民间,妇孺皆知。宋代封吕洞宾为"妙通真人",元代封为"纯阳演政警化孚佑帝君",后世又称"吕纯阳"。王重阳创立全真道后,吕洞宾又被奉为"北五祖"之一,故道教又尊称他为"吕祖"。全国各地广建吕祖祠庙,岁时祭祀,至今香火不断。相传吕祖诞辰日为农历四月十四,道教多于此日设斋醮以示纪念。吕洞宾著述甚丰,所著有《吕祖全书》、《九真上书》、《孚佑上帝文集》、《孚佑上帝天仙金丹心法》等。

另一种说法认为,吕洞宾本名绍先,出生于世代官宦之家,祖辈都做过隋唐官吏,自幼熟读经史,有人说他曾在唐宝历元年(825)中了进士,当过地方官吏。

后来,他因厌倦兵起民变的混乱时世,抛弃人间功名富贵,和妻子一起来到中条山上的九峰山修行。他和妻子各居一洞,相对可望,遂改名为吕洞宾。"吕",指他们夫妇两口,两口为吕;"洞",是居住的山洞;"宾",即告诉人们自己是山洞里的宾客。他的道号为纯阳子。他在弃官出走之前广施恩惠,将万贯家产散发给贫民,为百姓办了许多好事。民间传说他在修炼过程中,巧遇仙人钟离权,拜其为师。修仙成功之后,他下山云游四方,为百姓解除疾病,从不要任何报酬。吕洞宾一生乐善好施,扶危济困,深得百姓敬仰。他死后,家乡百姓为他修建了"吕公祠",以示纪念。到了金代,因吕洞宾信奉道教,人们于是将"祠"改成了"观"。元朝初年,忽必烈得知吕洞宾信奉的道教在百姓中颇有影响力,就想利用宗教和吕洞宾的声望巩固自己的统治,于是派国师邱处机管领道教,拆毁"吕公观",大兴土木,修建了"永乐宫"。

八仙之中,吕洞宾名声最响。因为他行踪不定,经常在人间济世度人,上到达官贵人,下到乞丐娼妓,都有受过他点化的。据说,当年钟离权多次传授吕洞宾金丹大道,待钟将最秘密高深的道理讲解明白,忽然有两位仙童手捧金简宝符,传达玉帝诏命,委派钟离权为"九天金阙选仙使",如同凡间科举的主考官了,只是主考仙界,何等荣耀。钟离权拜受诏命已毕,对吕洞宾说:"我马上要升天去了,你好生在世间修行,等到功德圆满,也会如我一样。"洞宾回答说:"我的志向与老师有些不同,必须度尽众生,才会上升天庭。"所以吕祖虽然后来成了高仙,仍然在尘世救济众生。特别

是贫穷患病的，先师更是注意救治。

据传，北宋时有一年，东京（今河南开封市）疟疾流行，有位卖菜的老婆婆，子孙都染上了疟疾。一天，有位道人过来，老婆婆招呼他喝茶，礼数周到，并叹息说："家中子孙都病了，先生能否施治呢？"道士说："明天早晨等我来。"第二天清晨老婆婆便等在那里，道士给她一个纱袋，包着一丸药，说："发病时拿着这药，病自然会好。一丸可以治疗百人，超过一百人，便没有效验了。"老婆婆照他的话去做，子孙病好之后，又拿去治疗邻居，共治好百人之多。超过百人，药便没了效验。老婆婆将纱袋拆开，里边却没有药，只有张纸条，写着"吕洞宾"三个字。

又传，湖北鄂城某镇有一位贫穷的妇女，向来患有风瘫症，每天爬行来到桥上乞讨。一天，一位道士经过，问起她来，贫妇回答说："丈夫死了，还有位八十岁的婆婆，每天来这儿讨些钱米供养婆婆。"道士听后，便将棕拂尘一头递过去，说："拉着拂尘起身试试看。"妇人牵着拂尘，果然站了起来。道士又说："你且试着跟我走。"妇人跟着走了几步，瘫病竟全部消失，恢复了行走能力，忙拜谢说："先生住在哪里？我们当登门道谢。"道士说："我住在某人家的楼上。"妇人回到家，婆婆十分惊异，问起缘故，知道遇上好人。第二天，妇人找到那家人楼上，并没有发现道士，一抬头，见到吕洞宾画像，与昨天碰到的道士一模一样，才知是吕洞宾救治了自己。

吕祖济世的传奇故事很多。不过，遇到心存不善的市侩，他也会给他们一些教训。有位富商，十分仰慕吕祖，朝夕焚香礼拜祷告，很是虔诚，供品也洁净。一天，吕祖变作贫穷的道人，拿了件旧袍子，到富商当铺中质当，富商拿袍子一捏，发现袖中有金钗一枝，心中暗暗欢喜，以为道人准定不知道有这值钱东西，便不声张，收进袍子，稍给了几个钱。道人走后，富商拿出金钗来，却见附着一张纸，题着几行字："今日忆，明日忆，忆得我来不相识，钗子留得作香钱，从今与你不交易。"意即这钗子权当还你供我的香火钱，大家扯平，从此之后再不和你来往了。商人见条，知道一念之差，与神仙当面错过，后悔不迭。

吕祖信仰之所以具有如此广泛的影响，主要就是他的济世度人。从以

◎ 信众向吕祖还愿

上所举事例不难看出,吕祖就是生活在老百姓当中的"活神仙"。当人们在生活中遇到困难时,就期盼吕祖的帮助,而吕祖也非常愿意帮助穷人脱困,同时还给恶人以严惩,可以说,济公活佛的许多故事都是取材于吕祖。济世度人的吕祖先师比起其他神仙更具人性,从而更能获得人们普遍的信仰。太清宫吕祖殿香火旺盛,除道教节日之外,平时的香客也很多,因为信徒们相信先师就活在当下,能救人脱困,扬善惩恶。

相公信仰　深入民心

太清宫里总会有信众来"待老爷",即祭祀某位神灵。待,是款待的意思,"老爷"则是指各路神仙。其中最具地方特色的"老爷"就是相公,可以说相公信仰深入到当地民众的心里。在东岳殿和三清殿之间的东厢房内,建有相公殿,其中供奉的相公分别为镇海侯施相公、顺济侯金相公和昭天侯杨相公。

说起镇海侯施相公,那可有着丰富的历史与传说,最早可追溯到上古的蛇崇拜,后来逐渐演变为宋朝将军、明代"护国镇海侯",直至清代成为兼具"治病"功能的神灵。

◎ 施相公像

众所周知,蛇神崇拜在江南古来有之,因为江南地区雨水丰沛,湿润温热的气候是蛇虫繁衍滋生的绝佳环境,丛林沼泽、湿地水域,蛇类无处不在。因为蛇能轻取人命,而且蛇类越冬僵而不死,能够浮游潜水,具有极强的生命力,让人倍感恐惧。基于万物有灵的思维模式,当人们面对自己无法掌控的神秘力量时,便会将其诉诸神灵精怪之属,例如龙王主水、嫘祖主蚕,以及牛王、蛙婆、狐狸大仙等民间神灵均是人们这一思维的现实投射。吴越之民视蛇为本氏族的图腾，文身以相类属，视其为亲属、祖先甚至保护神。

据《华亭县志》记载，施相公是宋代的读书人施锷，奇遇一蛋卵，后来蛋卵孵化为一条蛇，渐渐长大以后，就住在施家为其准备的竹筒内。有一天，施锷参加省里的科举考试，因为天气炎热，这条蛇自己出来乘凉。大家看见金甲神蛇在施锷家里，就大惊失色，称为怪物，拿着刀枪来攻击，但无法取胜，于是报告给高级官员，命令总兵来处置，但也不能制伏这条蛇。施锷考试回来知道这件事后说："这是我的蛇，不要害怕。"一声呵斥后，该蛇慢慢缩小，低头钻入竹筒。官员吃惊道："像他这样，还有什么不可以做的呢？"于是将此事奏告官府，将施锷立即斩首。蛇于是恼怒，为自己的主人施锷报仇，伤了好几十人，没有人能制伏它。官员没办法，最后请奏官府封施锷为护国镇海侯。护国镇海侯生前爱吃馒头，就做了大馒头来祭祀，称护国镇海侯为施相公。

龙华地区传说施相公原是南宋时期的名医，乡里尊称他为施老爷，是位御医，尤其对治疗疮疖特别拿手。施老爷曾经为皇帝治好了隐疾，因此皇帝封他为"金手医神"。

明清时代，施相公渐渐与历史上的人物混淆起来，人们说他是施全，即刺杀秦桧未遂遇害的一名军官。秦桧专权卖国，人民对之恨入骨髓。由于多年的结党营私、排挤忠良，其党羽布满朝廷，四处派细作侦伺，凡发现有不满朝政者，则加以迫害，因此人们敢怒而不敢言。施全的奋力一击，虽然功败垂成，但其勇烈之气足以使百姓敬仰，使奸相气馁。他牺牲后，民间为其立祠祭祀。明代倭寇为患，人们又将施相公与抗倭斗争连在一起，说他是明代崇拜的施挺。嘉靖年间（1522—1566），倭寇多次侵犯长江口外诸岛，崇明、横沙诸岛百姓深受其害，施挺率乡民起兵，打击了倭寇的嚣张气焰。施挺身先士卒，不幸战死，被封"护国镇海侯"，崇明、太仓等地先后修建施相公庙。

顺济侯金相公俗称"三老爷"，本名金三，明末松江人。曾任朝廷押送漕粮的官吏，因私分皇粮拯救灾民，独自承担责任而投河。百姓感其恩德，

自发修建庙宇，奉之为神。

作为地方神灵，金相公受到浦东民众的虔诚信仰。除了去道观"金相公"殿朝拜外，举行"三老爷"庙会也是金相公信仰的一大特色。旧时，浦东金桥社庄庙的"三老爷"庙会就极具影响。每年阴历三月十一，是社庄庙的迎神赛会日。当日清晨，社庄庙前已有"銮驾仪仗"、"衙役三班"、"六房书吏"、"皂隶禁班"等站立两旁。各路会首带领着队伍听候调度，当炮手连连放炮（火铳）时，各路队伍就在大会首的统一指挥下，按顺序出发巡游。

"开路先锋"是一尊小神像，后面紧接着的便是规模庞大的神灵队伍出巡。巡游期间，鞭炮声绵绵不绝，锣鼓声阵阵不息。人们簇拥着金相公神像乘坐的大轿，"皂隶禁班"阵阵吆喝，高喊"保佑一方风调雨顺、五谷丰登、六畜兴旺"等虎威声声的套语。每巡至一个"设场"，随从者必须虎威声声，"设场"主则虔诚相迎。

相公神像之后跟着长长的仪仗队，打头阵的是化妆成鬼脸的"夜叉"，后面是擎鹰、放鸽的队伍，接下来是"旗会"，有三角形、长方形、正方形、刀形旗，还有蜈蚣旗、龙旗、太极旗等大帜，色彩缤纷，十分壮观。紧接而至的是"台阁"，"台阁"上站立两名十一二岁的男童，扮成"岳飞"、"吕布"、"武松"、"孔明"等角色，搬演戏文。"台阁"后面是"田家乐"队伍，队中人人手拿农具模型，紧接着是"渔家乐"队伍，参加者手拿各种渔具模型，这都是悠闲欢乐的行进队伍。其后，是"拜香"队伍，这支队伍有儿童表演"文拜香"、"武拜香"的舞蹈。后面是"托锣"、"托香炉"队伍，参与者各自的臂上挂有铜钩，钩子上悬挂数斤、十数斤、二三十斤的铜锣或锡香炉。再后面还有"提香"队、"武术"队、"马会"等，表演极具浦东地区民俗风情的活动。在出巡队伍中还有一支特殊的队伍，就是"犯会"。参加者个个身披"囚衣"，颈套"枷锁"，扮成封建社会的"犯人"，表演答谢菩萨"再生之恩"的情景。

太清宫内供奉的第三位相公，神号"昭天侯杨相公大神"，深受上海及周边地区道教徒和信众的敬重。据民间传说，杨相公在倭寇南下时为南方地方官，倭寇投毒于井水，为保护百姓，杨相公身先士卒喝下井水，面色顿时变黑，不久身亡。为纪念这位杨相公，后人把他塑成黑面神像加以供奉。二说杨相公本名杨文圣，曾任地方官，为政清廉，铁面无私，因拯救民众投井自杀，后被敕封为昭天侯。三是民间传说杨相公是一位医道仙家，医术高明，经常治病救人。还有一种说法认为杨相公为历史上的杨震。

据史料，这位杨老爷在不同时期、不同空间有不同的称呼，如杨大神、杨王、杨彝老、杨忠惠、杨侯、杨继伯等等。但无论怎样，他总是与道教东岳神有着密切的关系。

在松江府，最早提到东岳庙杨侯的是康熙二年（1663）所修《松江府志》，其中记载："东岳行祠……万历中郡人徐琳重建殿西北隅，建杨侯神祠，为东岳掌刑之神，灵爽最赫，祷祀辄应。"可见，这一神灵至晚在明代后期就已属于东岳神谱的一员，成为所谓的"掌刑之神"，而且十分灵验。

《三教源流搜神大全》曾经收录了一个称为"杨元帅"的神灵，名叫杨彪，生前为东汉名臣。据称其职责为"下察五方之凶秽，幽按十二阎君之横纵，阳纠人间囹圄之曲直，阴鉴海岳之魑魅，为馈府碉门之长，至巨任也"。杨彪作为地祇神灵，其实在中国道教最早的神仙谱系——五代梁陶弘景所编《真灵位业图》中已经出现，在那里他是被排在第七阶以"醴都北阴大帝"为首的阴

◎ 杨相公像

曹地府诸鬼官之列，并被指出其字为文先，职位为"中禁"，"位比中书令监"。

道光《乍浦备志》卷20《祠祀》载："东岳庙，在北门内，雍正四年（1726）建，庙左为崔府君殿……庙右为丰都府北阴司殿，俗称杨老爷。"

明清以来，松江府及其周边地区的杨老爷信仰经历了十分复杂的历史演变过程，杨老爷因干预人间死生之事而得到崇拜。明末清初，在特定的历史条件下，杨大神的形象逐渐发生转变，成了保证赋役公平的神灵，并一度变成了里书、粮长、中小地主、地方官员等各类力量共同信仰的对象。清代后期以来，在由文人编纂的地方文献中，最多提到的则是杨滋戍守边防、抵御外辱的故事。直到现代，仍然有地方文人将其与陈化成、钱世桢、孙元化并列为嘉定地区的所谓四大对外名将。

从杨相公的历史演变与传说故事中，我们可以发现，杨相公信仰需要其有神圣的一面，因此杨相公成为以"酆都北阴大帝"为首的阴曹地府诸鬼官之一；另外需要其有功德于老百姓，因历史的记忆，他更多地被赋予明清时期要求赋役公平、保护渔民、为国戍边、拯救黎民的形象。尽管形象不同，但在民间的叙述中多有相仿，民众按照自己的理解将他的历史、事迹纳入自己的信仰体系中。于是，道观内经常会有人来款待、祭拜这位杨老爷。

追根溯源说泰山

泰山为五岳中的东岳，其余中岳为嵩山，南岳为衡山，西岳为华山，北岳为恒山。东岳泰山之所以成为五岳之首，因其为历代帝王的封禅圣地。因秦始皇对神仙的信仰和追求，在其登基的第三年就到泰山封禅，从此，泰山的重要性大大增加，泰山成为一条通天之途，是沟通凡间与神仙世界的桥梁。此后，汉武帝、唐玄宗、宋真宗等都曾登泰山封禅。封禅活动极大地激发了社会上对神仙的向往和追求，也极大地提高了泰山的威望。

以下，就让我们穿越历史的时空，踏入这座远古、神秘的帝王封禅圣地，解读泰山如何成为突破地方专祠，成为全国普遍信仰的五岳至尊之神。

沪上古观太清宫

雄视齐鲁　五岳独尊

　　太清宫东岳殿肃穆、威严，供奉的东岳圣帝因主管生死而受到人们普遍的信奉。论其根源，东岳大帝本为泰山神，那么，作为五岳之一的泰山何以成为人们普遍信仰的神灵，我们还需了解一下泰山的历史。

　　泰山，因位于古中原地区最东部，亦是东段最高点，称为东岳；作为太阳初生万物发育之地，又称岱宗，即万代山岳之宗的意思。泰山古称大山、太山、岱山、岱岳、东神、东岳、东泰、东圣、泰岳等，名称之多实为全国名山之冠。泰山与我国南岳衡山、北岳恒山、西岳华山、中岳嵩山并称五岳，并享有五岳独尊的地位，被称为天下第一山，还有国山的称号。

◎ 泰山全景

泰山之称最早见于《诗经》，"泰"意为极大、通畅、安宁。《五经通义》云："宗，长也，言为群岳之长。"泰山形成于太古代，因受来自西南和东北两方面的挤压力，褶皱隆起；经深度变质而形成中国最古老的地层——泰山群；后因地壳变动，被多组断裂分割，形成块状山体，现每年以0.5毫米的速度继续增高。它东临海，西靠黄河，凌驾于齐鲁大地，几千年来一直是东方政治、经济、文化的重点区域。

泰山是黄河流域古代文化的发祥地之一。很早以前，泰山周围就被我们祖先所开发，泰山南麓的大汶口文化遗存、北麓的龙山文化遗存便是佐证，再早还有5万年前的新泰人化石遗存和40万年前的沂源人化石遗存。战国时期，沿泰山山脉直达黄海边修筑了长约500千米的长城，今遗址犹存。泰山地处齐鲁大地，圣人孔子也留下了许多活动足迹，如孔子登临处坊、望吴圣迹坊、孔子小天下处、孔子庙、瞻鲁台、猛虎沟等。

泰山文化深厚，其古建筑将建筑、绘画、雕刻、山石、林木融为一体，是东方文明伟大而庄重的象征。中华民族几千年的文化历史长河，使气势磅礴的泰山与长城、长江、黄河齐肩。1987年，联合国教科文组织将泰山列入首批世界自然与文化双遗产名录，开创了联合国遗产分类新标准，让中国为世界贡献了一份新遗产——双遗产。泰山成为中国首批入遗唯一名山，文化与自然价值双高度在国际知名。几千年来，泰山又是帝王封禅祭拜天地、祈福苍生，象征一统天下、国泰民安的神山。

据传说，在很早很早以前，世界初成，天地刚分，有一个叫盘古的人生长在天地之间，天空每日升高一丈，大地每日厚一丈，盘古也每日长高一丈。如此日复一日，年复一年，他就这样顶天立地生活着。经过了漫长的一万八千年，天极高，地极厚，盘古也长得极高，他呼吸的气化作了风，他呼吸的声音化作了雷鸣，他的眼睛一眨一眨的，闪出道道蓝光，这就是闪电，他高兴时天空就变得艳阳晴和，他生气时天空就变得阴雨连绵。后来盘古慢慢地衰老了，最后终于溘然长逝。刹那间巨人倒地，他的头变成了东岳，腹变成了中岳，左臂变成了南岳，右臂变成了北岳，两脚变成了西岳，眼睛变成了日月，毛发变成了草木，汗水变成了江河。因为盘古开

天辟地，造就了世界，后人尊其为人类的祖先，他的头部变成了泰山。所以，泰山就被称为至高无上的"天下第一山"，成了五岳之首。

作为神山，泰山被认为有护佑国家的神功，泰山的石头也被认为具有保佑家庭的功能。这样，古代中国社会认为泰山石具有独特的灵性和神力，能保佑家庭，辟邪消灾，将泰山石敢当作为一种灵石崇拜。据史载，汉武帝登完泰山，就带回四块泰山石，放置在未央宫的四角以辟邪。我们知道，灵石崇拜是一种十分原始且流行广泛的宗教习俗，它形成于史前社会，阶级社会有其习俗延续，人们无力对抗自然，只能以石头作为自己崇拜的象征。具体做法是，将小石碑（或小石人）立于桥道要冲或砌于房屋墙壁，上刻（或书）"石敢当"或"泰山石敢当"之类，要禁压不祥之俗，从内涵上体现的是"平安"二字。它源于泰山，遍布全国，远播海外。泰山石敢当流传至今，在全国包括港澳台地区，日韩琉球东南亚，乃至有华人的地方都有这一习俗。在国务院公布的首批国家级非物质文化遗产名录上，"泰山石敢当"习俗榜上有名，可见泰山文化影响之大。

历代文化名人纷至泰山进行诗文著述，留下了数以千计的诗文刻石。孔子的《丘陵歌》、司马迁的《封禅书》、曹植的《飞龙篇》、李白的《泰山吟》等诗文，成为中国的传世名篇。

这里举唐代著名诗人杜甫吟诵泰山的名篇《望岳》为例，以飨读者：

岱宗夫如何？齐鲁青未了。
造化钟神秀，阴阳割昏晓。
荡胸生层云，决眦入归鸟。
会当凌绝顶，一览众山小。

这是杜甫年轻时游历齐鲁之地，远望泰山时写下的诗句。诗中说的岱宗就是泰山：它雄峙于无边无垠的齐鲁大地之上，在它的周围只有一片青色，不知是青色烘托了它的山势，还是泰山的青黛染青了齐鲁大地。面对泰山，人们会由衷地感叹大自然多么伟大，创造出了如此神奇秀丽的泰山。又似乎是泰山浑雄的气势，阴阳的变幻切割着时间，才有了黄昏和早晨的

周而复始。泰山吐出的层层云雾正涤荡着人们的胸襟,眼见那归林的飞鸟,纷纷没入泰山的深处,那景象是何等的雄奇恢宏。诗人展开丰富的想象:登上泰山之巅,站在绝顶上放眼望去,那周围众多的山峰统统拱列在脚下,那是何等的气魄,何等的心胸,泰山已成为雄踞华夏大地上的界标,是天地精神的化身。

巍巍泰山,华夏至尊。如今,世界各地已有越来越多的人开始走近泰山。其实,当他们更多地了解泰山的同时,对中华民族五千年的历史文明自然也就有了更加深刻的感知与体会。

历代帝王　封禅圣地

传统中国是官本位社会，皇权的参与极大地推动了泰山的影响力。泰山的闻名尽管可追溯到春秋时期，但那时不过名播于齐鲁地区，也就是山东省一带而已。它真正声名远播是自秦始皇统一天下，封禅以后。

历史记载，自秦统一以来，有十二位皇帝举行过泰山封禅祭拜大典，有九十四代帝王进行过不同级别的参拜，泰山真的可谓"国之首山"。随着帝王封禅，全国各地遍建东岳庙、泰山宫、泰山寺庙、东岳祠、奶奶庙、泰山奶奶庙、碧霞祠庙等等。泰山渐渐被神化，被称为"东岳大帝泰山神"。

封禅是古已有之的礼仪。司马迁在《史记·封禅书》开篇就写道，封禅大典"厥旷远者千有余载，近者数百载，故其仪厥然埋灭，其详不可得而记闻云"。依《封禅书》解释："此泰山上筑土为坛以祭天，报天之功，故曰封。此泰山下小山上除地，报地之功，故曰禅。"自此，封禅始于秦始皇之说几成定论。

比司马迁早五百多年的管子曾经谈到过封禅，可惜《管子》一书中的《封禅篇》早已亡佚，但保存了关于封禅起源的一段珍贵史料："齐桓公既霸，会诸侯于葵丘，而欲封禅。管仲曰：古者封禅泰山禅梁父者七十家，而夷吾所记者十有二焉，昔无怀氏封禅泰山，禅云云；伏羲封泰山，禅云云；神农封泰山，禅云云；炎帝封泰山，禅云云；黄帝封泰山，禅云云；颛顼封泰山，禅云云；帝喾封泰山，禅云云；尧封泰山，禅云云；舜封泰山，禅云云；禹封泰山，禅会稽；汤封泰山，禅云云；周成王封泰山，禅社首；皆受命然后得封禅。"《路史》中记载，作为炎帝后裔的蚩尤"兴封禅"，也透出封禅起源的消息。以上诸说，显示了封禅起源的纵向系统，虽无法构成信史，却有重要的参考价值。

封禅的实际意义是什么？汉代班固《白虎通义》中说："王者受命，易姓而起，必升封泰山。何□教告之义也。始受命之时，改制应天，天下太平，物成封禅，以告太平也。"《五经通义》曰："天命以为王，使理群生，告太平于天，报群神之功。"这似乎纯粹出于政治目的，表示帝受王命于天，向天告太平，对佑护之功表示答谢，当然更要报告帝王的政绩如何显赫。

封禅的具体仪式富有象征性。班固说："故升封者，增高也；下禅梁父之基，广厚也；刻石纪号者，著己之功绩以自效也。天以高为尊，地以厚为德，故增泰山之高以报天，附梁父之阯以报地，明天地之所命，功成事遂，有益于天地，若高者加高，厚者加厚矣。"《白虎通义》《礼记正义》云："祭天则燔柴也，天谓日也；祭地，瘗者，祭月也。"原来封禅的种种目的与象征，都包含着一层更为深潜的意识：沟通天人之际，协调天、地、神、人之间的关系，使之达到精神意志与外在行为的和谐统一。

封禅，其实是既相联系又相区别的两个祭神仪式。封是登封，就是在山巅筑土为坛，祭祀上天，报答功德。汉代有人说，封的意思是用金泥银绳，封上印玺——大约是作为信物吧，所以叫做"封"。那地点便是在泰山顶上。禅，也是古代一种祭礼，这儿是特指在泰山下侧的一座小山上清扫出一片地方，祭地，报答大地的恩典。这封禅可是帝王的特权，表示只有他们才有资格直接通天并犒劳地上的神灵。在神仙观念风行的时候，封禅是沟通

◎ 秦始皇画像

人神的重要途径。秦始皇是第一个上泰山封禅的皇帝,也是一个坚信神仙实有并对不死之药汲汲追求终生的皇帝。以后上泰山封禅的有汉武帝、唐玄宗、宋真宗等,也都是笃信神仙的皇帝。

秦始皇二十八年(前219),也就是统一六国后的第三年,始皇东巡郡县,召集齐、鲁的儒生博士七十余人到泰山下,商议封禅的典礼,以表明自己当上皇帝是受命于天的。儒生们的议论各不相同,难于施行。于是他绌退所有的儒生,命令在山上开出车道,从南面上山,到达山巅,举行了仪式后,立下一块石碑,歌颂秦的功德,颂辞称"皇帝临位,作制明法,臣下修饬。二十有六年,初并天下,罔不宾服。亲巡远方黎民,登兹泰山,周览东极。从臣思迹,本原事业,只颂功德。治道运行,诸产得宜,皆有法式"云云,共一百四十七字。刻石是四面环刻,颂辞刻了三面,表明自己来登封过了。礼毕之后,从山的北边下,到叫做梁父的小山举行禅礼。礼仪大致上采用秦原来祭上帝的方式,只是封藏了些什么,绝对保密,世间根本无法知道。秦始皇上泰山封禅,既有宣示天下只有自己才有祭天地的特权,也有追求与神仙沟通的目的。

另一个上泰山封禅的皇帝——汉武帝,就更侧重于与神仙沟通并且使自己也成为这神仙世界的一员。这位皇帝统治时期正处在西汉的全盛期,他是汉代倡导神仙之说最不遗余力的皇帝。他信任方士奕大,奕大见到武帝之后短短几个月间,竟然受封佩带六印,贵震天下。这种空前的举动,自然具有极大的示范作用,吸引着大批方士前来效力。那些燕、齐一带的方士,

◎ 汉武帝画像

人人自称有长生不老的秘方,能神仙之术,其中有个叫公孙卿的告诉武帝:"故代封禅的有七十多位王,但能上泰山的只有黄帝。有位与仙人安期生来往的申公曾有预言:汉代的皇帝也应当上泰山封禅。上泰山封禅,便能成神仙登天了。"这一说法深深打动了汉武帝,他也期望着与黄帝一样上泰山封禅,并由此得以见到蓬莱仙岛的仙人。经过几年准备,他终于带着浩浩荡荡的队伍来到泰山之下。时当三月,山上草木还没有发芽,汉武帝便先派人上山立碑,自己则东巡海上。四月,回到泰山下方,先禅梁父,然后只带着中奉车(官名)叫子侯的上泰山,完成了登封的仪式,只是事情保密,具体做法和封藏的内容就没有人知道了。

麟德二年(665)十月,唐高宗率文武百官、扈从仪仗,武后率内外命妇出行,封禅车乘连绵数百里,随行的还有突厥、于阗、波斯、天竺国、倭国、新罗、百济、高丽等国的使节和酋长。十二月云集泰山下,派人在山下南方四里处建圆丘祀坛,上面装饰五色土,号"封祀坛";在山顶筑坛,广五丈,高九尺,四面出陛,号"登封坛";在社首山筑八角方坛,号"降禅坛"。次年正月,高宗首先在山下"封祀坛"祀天;次日登岱顶,封玉策

◎ 古代祭天仪式

于"登封坛";第三日到社首山"降禅坛"祭地神,高宗行初献礼毕,武后升坛亚献。封禅结束后在朝觐坛接受群臣朝贺,下诏立"登封"、"降禅"、"朝觐"三碑,称封祀坛为"舞鹤台"、登封坛为"万岁台"、降禅坛为"景云台",改元乾封,改奉高县为乾封县。唐玄宗于开元十二年(725)十月率百官、贵戚及外邦客使,东至泰山封禅。封禅礼沿袭乾封旧制。封禅后,封泰山神为"天齐王",礼秩加三公一等,玄宗亲自撰书《纪泰山铭》,勒于岱顶大观峰,并令中书令张说撰《封祀坛颂》、侍中源乾曜撰《社首坛颂》,均勒石纪德。

大中祥符元年(1008)十月,宋真宗自汴京出发,千乘万骑,东封泰山。改乾封县为奉符县;封泰山神为"天齐仁圣帝";封泰山女神为"天仙玉女碧霞元君";在泰山顶唐摩崖东侧刻《谢天书述二圣功德铭》。诏王旦撰《封祀坛颂》、王钦若撰《社首坛颂》、陈尧叟撰《朝觐坛颂》,各立碑山下。

封禅是祭天礼地的最高规格仪式,它的主要祭拜对象是上天,而不是泰山神本身。秦始皇、汉武帝等历代皇帝的封禅活动无疑极大地激发了社会上对神仙的向往和追求,也极大地提高了泰山的威望。而泰山神地位的不断飙升却自东汉开始,主要原因是他主管幽冥地府的特殊神格。

岱山治鬼　威名远扬

　　东岳主治生死，太清宫内的阎君殿、地司殿正是供奉职司鬼魂的神灵。中国老百姓普遍信奉"鬼魂"之说，人的生老病死都可与鬼魂挂钩，就是祭拜祖先，也离不开鬼魂，认为祖先鬼魂能保佑后人免灾多福。而说起治鬼的根源，那一定得从岱山谈起。岱山即泰山，所谓"岱山治鬼"，就是由泰山神来主管普天下死人的亡魂，行使阴间冥府的职能。

　　作为冥府的泰山神，其标志物就是泰山府君，以及后来的东岳大帝。虽然泰山府君的出现并不一定能代表泰山治鬼说的最早形态，但却是泰山治鬼说的最初定型。作为冥府主者的泰山府君，最早见于曹丕《列异传》中胡母班为泰山府君送信的故事，故事大略如下：

　　胡母班是泰山人，一次跑到泰山边上，忽然在树丛间碰见一个穿绛色衣服的跟班，说道："泰山府君召你去。"胡母班非常惊讶，一时不知如何作答。再跑来一位仆人呼叫，不得已，跟着走了几十步，仆人让班闭上眼睛，一会儿工夫，便见来到一座宫殿中。胡母班进入一阁，拜见主人。主人送上饮食，对班说："想要见您，没有别的意思，只是想请您带封信给女

◎ 第一、三、五、七、九殿阎君

婿。"班问："小姐嫁到哪家？"主人说："小女嫁给河伯为妻。"于是胡母班按照泰山府君教他的办法，在经过黄河时将书信交给了河伯，还得到河伯的馈赠。回家过泰山时，班又将河伯的回信带给泰山府君。说着说着，班起身上厕所，无意间看到自己父亲戴着枷锁，和几个成人一起在服苦役。班急忙问是什么缘故，他父亲说："我死了之后又不幸被判了三年，现在已服役两年，困苦不堪忍耐。知道你和府君相识，可以替我求情，希望弄个土地神做做。"班于是照他说的，哀求府君，府君对他说，生死异路，不可靠近。但府君经不住胡母班一再苦求，便答应了下来。谁知自从他父亲做了土地神，他的几个儿子先后差不多死光了。这下班害怕极了，赶忙跑到泰山求救。府君对他说："我早就说过生死异路，不可靠近。原因就在这里。"于是让手下将班父找来，班问他："当时请府君让你任当境土地神，应当为家里赐福才是，怎么反而几个孙子差不多死光了呢？"父亲答道："告别家乡很久，一朝还乡，心里高兴，而且别人祭我的酒食又很充足，不由想念各位孙子，将他们招来在身边。"府君于是另外派鬼取代了班父，班的家中再有儿女才安然无恙。

故事中泰山府君的冥府主者身份是毋庸置疑的，人死之后灵魂为泰山所录，而且戴着刑具苦作，但只要泰山府君愿意，这些亡魂就可以做一方的土地神"社公"。这与后来的阎君在实质上已经没有多大的区别了。

自汉代以来，泰山治鬼、人死魂归泰山的观念就被中国人所普遍认同，东汉的镇墓文中有"生人属长安，死人属泰山"，《后汉书·乌桓传》介绍乌桓人说："其俗谓人死，则神游赤山，如中国人死者魂归岱山也。"这样，泰山神便和幽冥世界联系在一起了。

泰山及其下侧的梁父、蒿里是万鬼之区，当然也是神灵常驻的场所。蒿里是一座小山，在泰山的西面。"蒿里谁家地？聚敛魂魄无贤愚。鬼伯一何相催促？人命不得少踟蹰。"传说，人死之后魂魄归于蒿里。人间从来等级森严，凡事分别流品，绝无混淆，似乎天经地义。但在蒿里这地方，不分贤愚贵贱，人活着的时候绝无平等可言，死后就彼此彼此了。"鬼伯"对任何人都一视同仁：一旦他叫你去，你想稍稍踟蹰一下也不可能。求情祷

◎ 第二、四、六、八、十殿阎君

告不行，威胁利诱也不行。人间的万能之物、权势、金钱，这时候完全失去效用，不能代死。如此看来，"鬼伯"是最公正廉洁的。他可敬却不可亲，没有人不怕他。不管凤子龙孙，也不管皇亲国戚，他都是一副铁面孔，决不法外开恩，也不承认特权。无论什么人，对他都无计可施。

蒿里山之东有一条河叫做"漆河"，上有桥，传说过了这桥便进入鬼界。反过来鬼不能由此回返到阳界，只能徒称"奈何"，于是"漆河桥"便演变为"奈何桥"。奈何桥在中国道教观念中是鬼魂历经十殿阎罗的旅途后准备投胎的必经之地，在这里会有一名称作孟婆的年长女性神祇，给予每个鬼魂一碗孟婆汤以遗忘前世记忆，好投胎到下一世。"孟婆汤"是中国的一个古老传说，这在澜子家一本古书上记载着。在那个传说中，人是生生世世轮回反复的，这一世的终结不过是下一世的起点。生生世世循环的人无法拥有往世的记忆，只因为每个人在转世投胎之前都会在奈何桥上喝下忘记前尘往事的孟婆汤。所以，走在奈何桥上，是一个人最后拥有今世记忆的时候。这一刻，很多人还执着于前世未了的意愿，却又深深明白这些意愿终将无法实现，就会发出一声长长的叹息。这也是这座连接各世轮回的桥命名为奈何桥的原因。奈何一词，引自梵文，意即地狱。传说死者到此，有罪的要被两旁的牛头马面推入"血河池"遭受虫蚁毒蛇的折磨，而行善之死者过桥，却非常简单。

泰山丁香峪西有思乡峪，人死魂归于此而思乡也。民间信仰中称鬼魂

沪上古观太清宫

到"望乡台"的说法，就是从思乡峪演变而来的。

泰山作为登封之所，是通天之途，而其下临诸小山为报地之所，鬼归于土，自然便被设想成鬼界。而从古代祭典看，泰山本身是属于地祇的行列的，那么，泰山一山而兼通天神、属地祇、治人鬼了，这在中国的山岳中绝无仅有，也正是由于泰山具有如此的神力，才获得老百姓的普遍信仰与敬拜。

行祠众多　遍布全国

因东岳信仰的普遍性，东岳庙遍布全国。原为东岳行祠的太清宫只是众多东岳庙中的一座，据文献记载，仅上海地区原有东岳庙就达数十所之多。但浦东太清宫因历史悠久，规模宏大，在浦东乃至整个上海具有较大的影响。

作为历代皇朝钦点的泰山神的主庙，就是泰山脚下的岱庙，供奉泰山神主东岳大帝。它是最早也是最大的东岳庙，因此应该算是神州大地上诸多东岳庙的祖庙。不像其他四岳一般只在本山立专祠，享受香火，东岳大帝的神庙遍布全国。

东岳庙首先起于今之山东，唐代《元和郡县图志》所载之鱼台（今属山东）泰山府君祠，为最早见于官修地志的东岳庙。此后庙祀渐及北方各州县。唐代的河南、河东、河北等道——也就是今山东、河南、山西、河

◎ 岱庙天贶殿

北等地,都是较早建置东岳庙的地区。这一地域,也是泰山信仰的传统区域。几乎与北方兴建东岳庙的同时,南方一些都会也开始建起此类行祠,如蜀地灌口的泰山府君祠,至迟晚唐已经出现。此外江南、闽中的部分东岳庙,也于唐五代时肇建。但东岳庙在南方的普遍兴盛,则始于两宋时期。特别是宋室南渡,将东岳崇祀大力在江南地区推广,更使南方一跃成为泰山信仰的重镇。宋元以后,随着历代王朝对边疆的开发,东岳庙祀也开始向边境各地传播。元代时期,东岳庙首先构建于漠南蒙古。明朝立国后,云南、贵州、广西、宁夏等地先后纳入其版图,包含有东岳庙的官方祭祀体系在上述地区推行。明清之际,南明郑成功部收复台湾,建东岳庙于台南,又将庙祀远播至宝岛。清廷入关后,满汉文化日益融合,东岳庙遂大兴于东北。此后清朝先后平定新疆、西藏,政令行于边陲,促使东岳庙祀又推广到这些地域。以东岳庙为标志的泰山信仰的传播过程,也正是华夏文明由中原广被周边的一个"局部缩影"。

岱庙是历代所建望祀泰山之所,最初建于何年不太清楚,但是汉代已有祀泰山神的岱宗庙却有文献可查。它雄踞于泰山南麓,只是现存的岱庙已经不是汉址,而改现址的时代,有说是唐武则天时,有说是宋代。历代都有过修葺,至明朝,其庙堞城高二丈,周围三里。有八个城门,南面正中为岳庙门,东偏为仰高门,西偏为见大门,另有东华门、西华门,朝北开者为后门,称后宰门。每门都有楼,另有四个角楼:东南叫巽楼,东北叫艮楼,西北称乾楼,西南为坤楼。从岳庙门进去,经两重大门配天门和仁安门,才到达仁安殿,也就是东岳大殿。后面还有钟鼓楼、寝宫、斋堂等建筑。

因东岳大帝有治鬼之权,所以对泰山神的崇拜超越了地域的限制。尽管各地去泰山的络绎不绝,但就泱泱神州大地来说,去泰山膜拜东岳大帝的毕竟只有少数。为了满足民众的宗教需要,东岳庙很快越出泰山界域,在全国的通都大邑乃至于穷乡僻壤建起了东岳的行宫。它们的规模有大有小,但即使小一点的庙,也要稍稍表现出其"大帝"宫殿的待遇。建在都市里的东岳庙,目前保留下来的要算北京朝阳门外的东岳庙规模最大了。

◎ 北京东岳庙

该庙是元代宗师张留孙、吴全节，靠了皇帝的支持建立的，规模宏敞，除了东岳大殿外，还建有东岳七十六司，每司或几司合一殿，内塑该司主管神灵，有的还塑出某些故事场景，具有很高的艺术价值。东岳行祠众多，遍布全国。查一下各地（旧时代称府）、县的地方志，常常会跳出"东岳庙"的字样，而且常常一府一县就有好几个。

现在上海地区，古代即建有多处东岳庙，太清宫只是其中之一。就宋元两代来说，有记载的东岳庙就不止一处。宋代还是海边的江湾镇（现归属上海宝山地区）就于南宋时建有东岳庙。当年宋高宗曾经驻跸于此，突然狂风大起，水手们一时不知如何才好。高宗独见有三人护舟，得以平安。问下来方知是刘郡王父子，素有传说，刘为东岳女婿。于是在其地建东岳庙，同时祭祀刘郡王父子。以后海水渐为平陆，称为袁沙。元代，又在附近的方泰、南翔、嘉定、黄渡各建有东岳庙。这些庙之间的距离，近的五六公里，远者也不过二十来公里，可见东岳庙分布的密度相当大。这仅仅是宋与元代的情况,明清之后,东岳庙的建置应当更多。清代嘉庆、道光年间人顾禄《清嘉录》叙述苏州一带民俗,谈到当地所建东岳庙庙会之盛,说及东岳行祠遍地,"虽村隅僻壤,亦有行宫"。

泰山神"东岳圣帝"为什么在遥远的东海之滨受到如此崇拜,明代华亭士人徐阶曾做过这样的解释,他说:"东岳在鲁地,去此三千里而遥……以予言之,吴为古扬州之域,东岳在东方,扬之诸名山宗之,祠岳殆取诸此。自汉以来,古礼日废,山川之祀达于齐民,而《礼》有能御大灾、捍大患则祀之,文邑滨大海,风雨无时,祀之以祈其庇,使雨旸时若而已。"(嘉庆《松江府志》卷十八《建置志·坛庙》引徐阶《东岳庙记》)本此,东岳信仰在上海地区的流行实际上反映了吴越文化对中原文化的吸收和接纳。

据文献记载,上海城乡居民对东岳神的信仰十分虔诚,不仅平时有众多进香祈祷的崇信者,每年三月二十八日还有大规模的祀神赛会。如正德《松江府志》记载:至晚在明代中期,人们举行"钱幡会",前往干山东岳庙迎神,已成为惯例,"三月,载歌咢游礼干山岳祠。先时,巫者舁土偶循门索钱,结缕为幡胜,云以奉岳神,谓之'钱幡会'"。明代晚期,祀神赛会的时间更长,规模更大,并形成连日游山的习俗,崇祯《松江府志》记载:"结彩成幡胜以奉岳神为'钱幡会',至今有之。自茶笋之候,九峰惟佘山、神山、干山,画舫鳞次,征歌载酒,游者无虚日。二十八日,东岳庙诞辰,里人聚鼓乐、旗旛、骑盖,迎神于东岳庙。"清初以来,崇祀东岳大帝的赛会更在各县乃至许多乡镇广泛举行,参与的人数往往成千上万,如

◎ 上海松江东岳庙

◎ 东岳圣诞祈福坛

娄县、金山县、崇明县、宝山县江湾和罗店、上海县月浦镇、青浦县金泽镇，每年三月二十八日都有热闹非凡的祭祀游艺活动，直至清末民初仍盛行不衰。

作为东岳行祠，最根本、最核心的便是对东岳神系的供奉，其中主要包括东岳大帝、碧霞元君、炳灵公、十殿阎君、七十六司等等。现存东岳庙布局及其供奉的神灵大致如此。改革开放以来，上海太清宫得到了很大的发展，除恢复原来各殿外，还恢复了三清殿，新建了藏经楼、仙居楼，成为上海乃至全国著名道观。

乡风民俗渗影响

　　每年农历三月二十八日,当你走近太清宫时,必定会看到三五成群的人们手提大包小包有说有笑地步入道观,当你一起进入道观时,必然会被道观中人山人海的壮观场景所震撼,也一定会被祥烟缭绕的景象所吸引,你心里必会油然而生地产生疑问,为何道观中挤满了人?为何每个人脸上都洋溢着幸福的笑容?今天到底是什么节日呢?

民俗传承　信仰变迁

上海民俗自战国时期春申君封地开始形成，即以"申"为自我的称谓，以楚文化融和吴越文化为自己的本色。楚地巫风加吴越一带道教的信仰，使得古代上海地区的信仰呈现出驳杂斑斓的色彩。尤其是自宋代以来，江南以崇道的思想为主流，所以在上海地域文化中打上了深深的道教文化烙印，因此，神仙信仰和崇拜成为上海民众信仰的主流。

太清宫地处上海的浦东地区，是一座千年古观，民俗文化与道教信仰作为浦东地域文化的传承与载体，两者之间有许多共通之处，同时又相互渗透、相互影响。浦东民间民俗活动有许多都是与道教信仰紧密结合。从农历腊月开始，整年都有一系列与道教有关的节俗活动，例如廿三夜送灶

◎ 元宵灯会中的关圣帝君

◎ 浦东道教仪仗队行街

神、廿四扫除、廿五迎鸾接驾、三十换门神、夜半迎神熬年、初五接财神、初八礼拜顺星（拜太岁）、初九庆玉皇圣诞、十三祭刘猛将军、十五上元天官圣诞、二月初二龙王会、三月初三娘娘会、三月二十三日天后诞辰、三月二十八日东岳庙会、四月初八关帝会、四月二十八日药王诞辰、六月十九日观音诞辰、七月十五日中元节、十二月二十一日冬至节等等。

　　随着中国的改革开放，浦东成为近三十年来全球瞩目的焦点，整个地区发生了翻天覆地的变化，从阡陌农田变为高楼林立，从冷僻乡间变为繁荣市区，直至成为世界瞩目的"东方明珠"。太清宫所处之地又是浦东最繁华的陆家嘴金融贸易区，是浦东城市化、现代化最为迅猛的一方热土，吸引了大批国内外人士进入，不同文化、不同地域、不同肤色的人们在这里共同生活，各种文化习俗在这里迅速交融，使浦东原有的文化与信仰产生了种种变形。同时，在浦东改革开放时代气息的影响下，又涌现出许多新的民俗事项在道观中显现。

　　浦东国际化的提升促进了道教的国际影响力。在海内外公司以及高级

职员大举进入浦东的时候，不仅没有冲击到浦东道教的信仰，反倒有促进道教发展的因素存在。一些工程开工时往往请宫观的道士做祈禳法事，房地产工程尤甚。例如，在陆家嘴中心的一幢由新加坡人管理的大厦里，开业时非常奇怪，他们公司的员工总是摔跤，好几人被摔得鼻青脸肿，他们认为是楼面的风水有些不对，邪气较重。于是，新加坡老板便在太清宫做了一场镇宅的祈禳法事，据他们员工说，这场法事过后公司就不再有人摔倒了。事实上，浦东地区的道教信仰，已经对浦东的经济发展和改革开放带来了积极影响，上海太清宫也成为在浦东地区的海内外人士，特别是东南亚华人华侨信仰的中心、祈福的圣地，成为推动浦东经济发展的软环境要素，有力地支持了浦东改革开放的伟大事业。

新加坡公司的员工为怕触犯土地公公而请道士祈禳的宗教活动，所表现的正是浦东道教在城市化进程的演变中信仰变迁的一个实例。而戚老爷信仰则是尘埃落定后积淀在城市生活中的乡村信仰的印记，成为上海太清宫民俗传承与信仰变迁的又一个生动事例。

"同志们，永别了，我想念你们！"这句曾令无数志士扼腕慨叹的壮烈话语，来源于著名电影《永不消逝的电波》，而电影中主角的原型李白烈士就光荣地就义于浦东的戚家庙。在浦东的中心地带——世纪大道与杨高路的交叉口，原来有两座戚家庙，主供就是戚老爷，本名戚继光，是明代抗倭名将、军事家，因抗击倭寇，屡立战功，被封为"护国将军"。浦东因地处海边，屡遭倭寇的侵略，戚家军抵抗倭寇大显神威，所以戚老爷一直为浦东人所敬仰与崇拜，因为他们相信给戚老爷烧香会得到保佑，会风调雨顺、国泰民安。

改革开放之后，宗教信仰的空间变大，于是一些信徒要求重塑戚老爷像，并建戚老爷庙，有发起人愿意出经费资助。但在现实背景下，在大都市的中心地区建庙是很困难的。这时，太清宫颇有远见，提出在浦东太清宫里新建一个戚老爷的殿堂，以接受戚老爷信徒的朝拜。这样，一来可以增加香火信众，扩大太清宫本身的影响；二来也确实为一善举，给信徒提供了一个很好的朝拜场地。戚老爷进入浦东太清宫以后，信徒定期就来朝拜，信徒的数量也稳中有升。在每年农历七月戚老爷的生日之时，四方信

◎ 浦东民俗庙会中的八仙

徒一大早就赶来，参加戚老爷的生日庆典。戚老爷信仰没有随着浦东城市化的发展而湮灭，反倒在遭到严重挫折时顽强地生存下来。浦东城市化后，浦东农村人也成了地地道道的城里人，而戚老爷信仰非但没有缩小圈子，反倒向周围缓缓扩展，三十多年的宗教停顿并没有熄灭信仰的火焰，其庆典变得愈来愈有规律，已经成为上海民俗生活的一景。今天，戚老爷信仰已经不是浦东农村信仰的专利了，它已经完全融入上海的社会生活。戚老爷信仰不是有组织地展开的，而是自然地流传，没有人鼓励，似乎不具备大规模流行的条件，但也不会消失。缓缓扩展是其现实，似乎也是未来相当长时期的趋势。

上海太清宫成功地吸收戚老爷信仰，这生动地表明：在浦东城市化的进程中，浦东的民风民俗正在由乡村进入城市，太清宫的道教信仰支持着民俗的传承，维系着传统文化的延续，而民俗文化在城市化的过程中又产生了种种变形，它们之间演绎着同生共长的故事。这是我们认识浦东民俗信仰的一个视角。

沪上古观太清宫

许愿还愿　民众信仰

每月的初一、十五香汛日，上海太清宫内总会出现一位耄耋老人，他数十年如一日，每次总会虔诚地在东岳大帝前上香、跪拜，然后安静地坐下来，轻轻地向东岳大帝诉说。原来，东岳大帝与他父亲有一次超越时空界限的零距离的灵异邂逅，于他家有救命之恩。他每次都是来还愿的，并常对人说，在他有生之年，他都会祀奉东岳大帝。

许愿还愿，是我国民众的信仰传统，自古以来即有之。民众在向神仙跪拜时，总会向神仙许个愿望，遇上困惑时，会自然而然地仰望蓝天，心里默默地说一句："老天保佑。"而当愿望得到实现或困惑得到解决时，人们总会想到这是神仙或上苍的护佑，然后会自发地前往某个名山宫观去还愿。

◎ 祈福功德牌

许愿，是向神灵索求恩赐，求神护佑自己，使自己的心愿得以实现。许愿之前最好能沐浴其身，斋戒净口。在神仙面前，许愿者必须毕恭毕敬地敬三炷香，然后在神像前伏拜，虔诚祈祷，默许所求心愿，祈求神灵护佑实现其心愿。蒲松龄《聊斋志异》中，讲到泰山"跪香"祈愿的情形：泰山，农历三月，各种各样结伴朝山进香的人纷纷来临。又有皈依道教的信仰者率领信众百千人，屈膝跪

◎ 道观举行东岳圣诞酬神戏

倒在神座下，视香的燃尽时间为标准，名曰"跪香"。

倘若自己的心愿得以实现，对神仙许下的诺言得以兑现，那便要还愿。民间相传，许愿不还，神灵是要怪罪的。还愿可大可小，不拘形式，做善事、诵经、做道场、献神供品、重塑金身、助印善书赠送、捐资修庙等都是还愿的方式。在所有的还愿形式中，最具代表性、民众参与度最高的就是社戏酬神还愿。

历史上的许多道观都建有戏台，是民众请戏班子演戏的场所，演的戏也叫做酬神戏。许愿属于求神灵，还愿属于敬神灵，是人与神之间的一种沟通，是俗人对于神灵的回报。

酬神戏最初是由巫觋（即神职人员）通过歌舞来酬谢神灵。从汉朝开始，在各类祭祀的歌舞中穿插故事情节，以增添趣味，希望能使神灵娱悦，所以也称为娱神戏。北齐开始有戏出演，不过情节十分简单。如王国维《宋元戏曲史》所载，《踏摇娘》歌舞合一，说的是北齐一位姓苏的女人，她的丈夫根本不读书却自称郎中。丈夫嗜酒成性，酒醉后就毒打她，苏氏

含悲将自己的遭遇告诉乡邻。情节十分简单,女扮男装,女人穿着男人的衣服,慢慢地走上舞台,一边走一边唱,诉说自己遭受的苦难。每唱完一曲时旁人和之。等到她的丈夫上场时,两人就演殴打的动作,以逗人发笑。其实这只不过是百戏中的一种,明清以来,太清宫的道长也在空闲之时,组建戏班子、青衣班子或乐队参与民间的祭祀活动。

我们所熟悉的社戏就是娱神戏之一。古人把土地神称为社,后来又把专供社神的地方称为社。一般都在开春和秋收的时候才有这样的演出。鲁迅先生《社戏》中的"我"希望观赏的是婉转、悠扬的戏,但真正看到的是一个长胡子的背上插着四张旗,捏着长枪,和一群赤膊的人打仗。"我"要看翻筋斗,几个赤膊的人翻,翻了一阵,都进去了。接着是小旦、老旦出场,咿咿呀呀地唱了几句。这样的戏要演到天亮。作品写的就是浙江沿海一个村庄上的秋社活动,戏台是临时搭就的,尽管"我"不喜欢,但这场戏永远印在了记忆的深处。太清宫所处的陆家嘴地区,虽然已从农村变

◎ 中秋斗会

成了繁华闹市，绝大多数人可能已经全然忘记了春社秋社的活动，但在传统民俗、信仰活动中，适时祭祀、娱神是必不可少的内容，因为这种习俗不是一朝一夕形成的。

清末以来，太清宫凡逢春节、元宵节、中元节、太平公醮、神灵诞辰之际的娱神戏已经有申曲（沪剧）、昆曲、本地滩簧、浦东说书等。每当此时，笛韵悠扬，嗓音嘹亮，或檀板清讴，笙簧宫商，鸣金冲锋，扬幡收场，打斗翻滚，更有花前月下情场缠绵，孝子两难，灵前哭丧，不一而足。演出剧目中，沪剧有《紫竹调》、《碧落黄泉》，昆曲有《财神》、《仙聚》、《戚继光》，不胜枚举。在道观演出的节目一般都属于娱神性的，娱神活动时观众云集自当不在话下，还有就是娱神与旅游两者兼顾。"鼓角声中焕彩游，浦江午日闹龙舟，红儿绿女沿滩看，看客都登钦赐殿"，钦赐殿就是钦赐仰殿，上海太清宫的前身，上海最早的道观之一，香客可以身在道观，眼望浦江，这是写烧香看景的。清史学家钱大昕有一首诗歌，"刺眼繁花细细开，陌头女伴踏歌来。钦殿烧香游园去，延绿轩前薄相回"，写出了太清宫娱神娱人的热闹情况。

香客向神灵祈求的内容多种多样，许愿的方式方法也迥然不同，其中，向东岳大帝祈福增寿是上海太清宫最有代表性的一种许愿内容。因为东岳大帝掌管着人间的贫富贵贱、生老病死。而许愿实现后，向东岳大帝还愿，浦东人有着相同的方式，那就是给神仙做生日，款待神灵。

赞颂祭祀　款待神灵

　　上海太清宫以东岳大帝为主供神，每到农历三月二十八东岳大帝生日这天，来自四面八方数以千计的信众，怀着虔诚的心情，身背香袋，手持红烛、供品，络绎不绝来道观进香朝拜，祈求神灵赐福消灾、延年益寿、风调雨顺、国泰民安、保佑合家老幼安康。他们大多由香头（组织信众到庙里烧香祭神的人）带头，来庙里举行赕神活动，俗称"待老爷"，"待"就是款待的意思，"老爷"就是神仙，"待东岳老爷"就是款待东岳大帝。

　　"待老爷"作为一种道教民俗，在浦东地区不知已流传了多少年。据有关材料记载，浦东地区这种浓厚的东岳信仰，是从一个传说开始的，讲的

◎ 信众向东岳大帝献供

是为母治病的故事:"兹有浦东善士徐松严者,为母病五次朝礼东岳大帝,皆披发跣足,三步一叩五步一拜地向东岳行宫(太清宫)朝拜,而发不乱足无伤。固为精诚所至,益可验神之灵应焉。因复发愿献神袍五十身,朝拜三十余次,今功已圆满。"传说就是这样,大家代代相传,却不深考其来历,只认为这样做是好的,能得到保佑。

上海太清宫"待老爷"的做法是这样的,香头基本上都是一清早就来庙里了,把准备好的供品分装在一个个盆子里,然后端到"老爷"面前。供品很多,有鸡鸭鱼肉、水果、糖、糕点、酒水等等,让神灵们尽情地享用。在香头旁边总有几个得力的助手,他们也讲究各司其职,有的负责端小菜,有的负责锡箔和香,等等。香客随着时间的推移都会成群结对地来庙里,他们到庙里后把香都放在一个地方,为了下午的"解香山"(就是把香盘起来,堆在一起点燃),然后就去每个殿堂里磕头,磕完以后就来到大殿,坐在旁边,边折锡箔边看道士做道场。

此时东岳殿堂里钟磬激越,丝竹悠扬,经声含混。高大空旷的殿堂显得格外庄严肃穆,袅袅清香,缕缕轻烟,烛光摇曳,氤氲万化,逐步摄住每一颗虔诚的心灵。这时你总能看到许许多多的信众围坐一起,虔诚地倾听着一位白发苍苍的老者诉说他父亲亲身经历的东岳大帝灵异故事。

故事发生在八十多年前,关于东岳大帝显灵救父。有一天,他母亲带着他父亲求医回家,带着满腹的忧愁与沮丧,拖着疲惫的双腿又饥又渴,从杨家渡码头(今浦东陆家嘴地区)上来,途经一家茶馆,就进去歇一会儿再赶回家,准备第二天的求医计划。没想到茶馆的老板娘看了看他父亲,又看了看他母亲,对他母亲问道:"你相公得的可是痨病?"他母亲忧伤地点了点头,老板娘叹了一口气说:"你年纪轻轻也够可怜的,这样吧……"她拿出一只硕大黑乎乎的灵芝,当场掰开分出一半给了他母亲,告诉她这是一种名叫对口灵芝的药,生长在棺材里死人嘴上方的顶板上,据说死去的人生前服用过许多灵丹妙药,死后喷出来的气结成这种灵芝,剧毒无比。她说这是太清宫的老道长路过茶馆的时候送给她的,是治痨病最好的药了,只是如果治不好就可能一命呜呼,所以服用此药是要一定胆量的,并告诉

◎ 东岳圣诞祈福祝愿仪式

了他母亲服用的方法。

回到家中，他母亲给他父亲喝下了灵芝熬成的药，然后在焦虑与愁苦的心情中，守候在他父亲的病榻前。最后奇迹真的出现了，他父亲醒来后，精神非常饱满，靠在床上向他母亲述说了一个更为离奇的梦中奇遇。

他父亲在昏睡中梦见从东方来了两位白衣人，似乎是一男一女，男的挎着一个药箱，女的手里拿着一根鞭子，从天而降并从他家的窗户悄然而入。女的拿着鞭子见到他父亲就狠狠地抽打，他父亲感到疼得死去活来，就是无法出声。等那女的打完了，只见那男的从药箱里拿出一点东西，放进了他父亲的嘴里。他父亲感到清凉无比，只感到肚子一阵阵地咕噜有便感，就这样醒过来睁开眼睛一看，什么都没有，只见他母亲守候在床边。他父亲为这个离奇的梦不得其解。没过多久，他父亲的病慢慢地痊愈了。所以他们寻找茶馆去报恩，可是无论如何再也找不到当时那个茶馆，最终只能抱憾而去。

当他父亲与母亲在上海太清宫进香还愿的时候，他父亲看到了东岳王爷（浦东信众对东岳大帝的一种昵称）的神像，竟然感到似曾相识，他终于明白原来在梦中，所见到的就是东岳王爷，那女的不是碧霞元君还会是谁呢？他父亲经过那次病灾以后，再没有得过什么病，身体健康，从没去过医院。他父母在脑子里牢牢记住了恩人与王爷，从此追求行善积德。

大家听完他的故事，道场也徐徐结束了。最后是散福，即分赠神仙赐过福的供品。香客高兴地从香头手里接过糕饼水果，带回家给家人，尤其是给晚辈享用，因为这是从神仙处获得的吉祥食品，是仙果。这一天，信徒经历了盼东岳王爷、迎东岳王爷、拜东岳王爷、向东岳王爷诉说、祝福东岳王爷、感谢东岳王爷、送东岳王爷这样的心路历程，心里是充实的。这样的祭祀活动，民间称为"待老爷"。

民间祈嗣　元君送子

据说，浦东改革开放之初，国外对浦东不甚了解，有外宾在浦东农村的许多人家门口看到排列着一只只精雕细绘的有盖木桶，感到十分好奇，就请教翻译，聪明的翻译灵机一动，说："这是中国特有的袖珍流动厕所。"这"袖珍流动厕所"便是浦东农村传统的便溺器，浦东人称之为"马桶"。可是，这种"袖珍流动厕所"使用起来，既不卫生，又不方便。然而奇怪的是，直到今天，浦东人嫁女，陪嫁中还断断少不了一只油漆得色彩斑斓、油光铮亮的"马桶"（木制的小型装饰品），而且照例将其冠以"子孙"两字，叫做"子孙桶"。

中国是一个嫡长制延续了几千年的国家，传宗接代、承嗣香火是人生的头等大事。早立于嗣、多生儿女、子孙满堂、多子多福是中华民族传统的生育观念。"五刑之属三千，罪莫大于不孝"，"不孝有三，无后为大"，不能生儿育女、传宗接代被视为最大的不孝。这种传统观念根深蒂固，影响了一代又一代人。无论是妇女怀

◎ 碧霞元君像

乡风民俗渗影响

孕，还是婴儿降生、百日儿，及其他庆寿活动，无不体现出人们为此所做的不懈的祈嗣努力。

江南地区原属吴文化圈，古书中常说：吴中之人信巫崇道。所以在江南地区产生了许多各式各样的祈嗣习俗，例如"偷瓜祈男"、"麒麟送子"、"拜神祈子"、"投石求子"等等。而"马桶求子"是最古老的祈嗣方式，因为马桶与中国古代的生育有着密切的渊源，而且江南地区历来有蹲坐在马桶上分娩的习俗，意寓着子孙兴旺，所以浦东人家新娘的陪嫁中必有"子孙桶"。"马桶求子"只是一种"未雨绸缪"的措施，是否有效，还是未知之数，待到结婚之后，一年二年三年过去，而新娘却仍是毫无声息，那么不但为人子者的丈夫要急了，新娘子本人当然更要惶惶不可终日，于是到上海太清宫向碧霞元君（俗称泰山老奶奶）求子。这成为浦东民众最主要的祈嗣方法。

向碧霞元君求子的历史至少可以追溯到明代中期。明嘉靖十一年（1532），皇太后遣太子太保来到泰山，为明世宗向碧霞元君求子，这是现在见到最早的向泰山老奶奶求子的史料。说起"泰山老奶奶"的来由，还有段动人的传说。据说很久以前，徐州一带遭遇了一场严重的瘟疫，死了很多人。一些有钱有势的人，骑马坐轿来到离徐州六七百里地的东岳泰山，求东岳大帝为其保佑，而许多平民百姓没有盘缠钱，只好在家坐着等死。而东岳大帝之女、心地十分善良的碧霞元君，俗称"泰山老奶奶"，当时年仅十五六岁，得

◎ 送子元君像

知这一情况，非常焦急，欲拯救处于水火中的灾民，决定独自前往徐州为更多的百姓消灾、除害、解难。但家人考虑她年纪尚小且只身一人，放心不下，没能同意，这可急坏了小碧霞。此时曹舅爷知道后，表示愿意护送她前往徐州，经过长途艰辛跋涉，二人终于来到徐州，并很快降服了瘟神，也为从四方赶来的百姓治病消灾。人们为了纪念泰山老奶奶的功德，特意为她建立了殿堂。娘娘殿建成后，人们又建了曹山亭，里面端坐的是曹山舅的塑像，从此常年在山下一条上山的路口守护，严防妖魔上山搞破坏，并向人们讲述行善得福、作恶遭殃、因果报应的道理，劝化世人回心向善。

太清宫作为东岳行宫，必然也给浦东带来了向"泰山奶奶"求子的信仰。但与泰山不同的是，浦东做法不是很张扬，没有拴娃娃一类象征的方式，只是送上供品，烧香跪拜，祈祷泰山老奶奶赐下儿子或孙子，所以你可在太清宫内听到这样的故事。她说："我结婚已经五年多了，就是不生孩子。到许多医院检查过，都说是正常的。有人出主意，要我到庙里去求娘娘。其实，我早就去求过了，我也想早点生个孩子，做个完整的女人。人家都说求观世音是很灵验的，除非你不够诚心。这可把我为难住了，怎样才称得上诚心呢？要夫妻同拜，我们也拜过了。我很苦恼，想离婚，可是又不忍心，我不知道该怎么办。"

正当她非常苦恼之际，有人把她带到了太清宫泰山老奶奶的面前。她看到了慈祥的泰山老奶奶，也学着来到神案前，烧香叩头，祷告一番，然后便从自己的包里取出一双小孩用的绣花鞋，交给主持仪式的道士。道士把绣花鞋放在泰山老奶奶的腿上，一边口中念道："有福的小子跟娘来，没福的小子坐庙台。姑家姥家都不去，跟着亲娘回家来。"之后，道观的道士还给未来的小孩起一个通俗而吉祥的乳名，嘱咐求子的妇女回家把绣花鞋放到卧室的枕头下。求子的人将绣花鞋用红包袱包起来带走，求子仪式也就结束了。

过了几个月，这位妇女兴高采烈地拿了一大堆供品与香烛，来供奉泰山老奶奶，并给我们讲了一个真实的故事：有一天，她锁上门出去走亲

戚,中午被留下吃饭没回家,邻居突然听到她家屋里有小孩的哭声,可她家并没有儿女,后来才知道是赐过子的绣花鞋变成娃娃了。没多久,她就怀上了宝宝。

现在太清宫里已经没有事先放在碧霞元君神案前供人求子的绣花鞋了,都是求子的信士自己带来。据有关记载,旧时在上海太清宫的碧霞元君殿里,庙祝在神座前摆放着许多绣花鞋,供人求子。如果求生男孩就拿一双男鞋;求生女孩,就拿一双女鞋。凡来求子的都必须向庙祝交钱,谓之"喜钱"。日后若赖以神助,如愿得子,必定要到碧霞元君殿还愿。还愿的方式多种多样,有供奉献礼者,有挂袍送匾者,有捐资修庙者,也有植树造林者。现太清宫碧霞元君殿内有许多锦旗,就是当地信士求子如愿,答谢神恩所送的。

◎ 保幼元君像

礼仪习俗 深入民众

道教是中国土生土长的宗教，长期传播于中国社会，以其悠久的历史、丰富的文化内涵以及信仰仪轨等影响着我国民俗的形成和发展，道教斋醮作为最具中华特色的祭祀礼仪，不断从民间风俗习惯中汲取营养，充实丰富着科仪的内容，以适应民众的心理需要，满足民众的祈禳需求。道教与民俗保持了千丝万缕的联系。我国古代许多文人的笔记小说都对民俗中的道教因素有过记载，如宋代吴自牧的《梦粱录》、孟元老的《东京梦华录》、清代潘荣升的《帝京岁时纪胜》、察敦崇的《燕京岁时记》等，其中都阐明了道教对民俗的影响。道教对民俗形成和发展的影响主要表现在民间节日、

◎ 新春烧头香盛况

◎ 新春祝愿祈福

民间信仰、禁忌、祈求等方面。

道教以神仙信仰为特征，自陶弘景《真灵位业图》开始，唐宋道教又不断吸纳城隍、土地、妈祖、关圣、文昌、碧霞元君等民间俗神进入道教神系，使道教的神仙谱系愈益庞大。反过来，道教又运用自己的优势，使这些经过道教化的神灵返回民间，更深、更广地影响着民间的神灵祭祀活动。像城隍、土地、灶神，一般的民众对他们都是无比敬畏的，对这些神灵的崇拜祭祷，实际上也就成了一种民俗。道教特有的一些神灵如八仙、财神、福禄寿三星，也得到民间的普遍祭祀。

自唐宋以来，民间每逢神仙诞辰，必要举行斋醮活动，有大量信众参与，逐渐形成庆祝神仙诞辰的道教节日。至明清时期，道教节日的斋醮活动，已成为民间岁时习俗的重要组成部分。据有关方志记载：元月九日玉皇圣诞、二月三日文昌诞辰、二月十五日老君诞辰、三月三日佑圣真君圣诞、三月二十八日东岳圣诞、四月十四日吕祖仙诞、五月二十四日雷

祖尊诞等等。道教的神仙诞辰节日从正月至十二月，计有三十七天圣诞节日，祭祀的神仙有四十六位之多，明清时期龙虎山每年建醮四十一日。道教为崇祀这些神仙，传承了专门的科仪经典。明代《上清灵宝济度大成金书》专列祈禳科仪，收有文昌醮科、东岳醮科、天妃醮科、瘟司醮科、诸神醮科等等。

在近代的地方志中，社会风俗大多为道教节日建斋设醮的习俗。每逢春秋佳日、神仙诞辰，民间要迎神报赛、修斋设醮、广设帐幕、陈列神像、招致百戏，男女远道趋赴，焚香膜拜，鼓乐宣扬，热闹非常。道教的这些庆典、节日，其中也掺杂了许多民间娱乐方式，变得非常民俗化。这种斋醮以迎神报赛的热闹场景构成了民间斋醮的风俗，说明道教斋醮法术、神仙信仰已深入人心，蔚成民情风俗。这时，有关的宫观就成了民间娱乐的中心，大家所熟知的"庙会"就是此种情形的表现。这也是道教与民俗相关联的重要方面。

太清宫所处之地浦东，原来大部分地区都是农村，与汉族许多地区相同，在中华民族固有之传统宗教道教的影响下，产生了许多与当地道教信仰有密切联系的特有的民风民俗。道教特色比较鲜明的浦东民俗中，已列入国家级非物质文化遗产的有浦东南汇锣鼓书、浦东三林绕龙灯、浦东农民舞龙队；列入区级的有花篮灯舞、打莲花等；还有许多未列入非物质文化遗产但有浦东道教特色的，有浦东哭嫁歌、哭丧歌、摇船山歌、卖盐茶等等。其中最典型的就是国家级非物质文化遗产——浦东南汇锣鼓书。南汇锣鼓书发源于上海市郊浦东地区，旧称太保书，最初是在浦东道教道场的"太保"仪式上说唱，借以酬神驱邪，祈祷福祉。后来逐

◎ 二十世纪五十年代演出锣鼓书《待老爷》

渐从宗教仪式中走出，演变成为说唱民间传说、历史故事的民间唱说形式，名之为"太保书"。它主要活跃于沪郊浦江东西，并流传到浙江嘉兴、平湖一带。

改革开放之前，浦东地处上海的农村地区，虽然有其他宗教的渐次进入，但是浦东地区的传统宗教信仰主流还是以神仙信仰为主干的道教信仰。太清宫作为浦东乃至上海地区主要的道教宫观，又潜移默化地传承并影响着浦东当地的民风民俗。

浦东民间素有除夕进香的风俗，"烧头香"又叫做"烧头炉香"，谓信徒在除夕之夜赶早到寺、观或神祠，敬上第一炉香，以示虔诚，为此有了"抢烧头香"之说。民谚：百节年为首。纵观浦东民间节俗活动，自农历十二月刚过一半，便开始有了年终的气氛。到十二月（腊月）廿三祭灶，标志进入过年阶段（廿三称"过小年"），遂有一系列节俗活动。廿三夜送灶神；廿四扫除；廿五迎鸾接驾；三十换门神，夜半迎神，熬年；大年初一磕头；初五接财神；初八礼拜顺星（拜太岁）；初九庆玉皇圣诞；十三祭刘猛将军；十五上元天官圣诞，即上元节（民间多称"元宵节"）；等等。

送灶神是民间的一种传统，浦东地区流传有非常通俗的一句谚语："灶君太太上天，有一句话一句。"什么意思呢？原来每年农历腊月廿三，在浦东称为"过小年"，民间于此日夜礼拜灶神，谓之"祭灶"或"送灶"。传说灶神在当晚上天，向玉皇奏这家一年的好坏事。于是家家户户在这一晚烧香磕头送灶，供品以灶粑为主，算做灶神的路上干粮，求灶王爷只奏好事。祭毕，合家吃灶粑当做晚餐。除夕接灶神回来，谓之接灶。将"上天奏好事，下界保平安"对联，贴在灶神牌位两边，横批是：祭神如神在。灶神一年除七天（腊月廿三至大年三十）外，其余日子均留在人家的厨房里，时时刻刻察看人之言行，又加之世人有"祭神如神在"及"举头三尺有神明"之宗教观念，这对世人弃恶从善，时刻检点个人之行为，无不有其积极意义。

新春祈福是浦东百姓过年的传统习俗。从除夕夜开始，太清宫就迎来众多信众。有"抢头香"的热闹火爆，有恭请平安的默默虔诚，也有阖家

◎ 新春接财神盛况

祈福的浓浓亲情。太清宫的重头戏是"抢头香"。相传大年初一第一个将香插在香炉中,可为自己带来一整年的好运。因此不少民众吃完年夜饭就赶到太清宫外守候,为的是大年初一抢得"头香"。

接财神是民众对财神的一种敬仰与崇拜,上海太清宫每年都会举行迎财神的宗教活动。所谓"大放爆竹,此起彼伏,阖城轰响,声震百里",且连续不断,锐气丝毫不减,有诗为证:"爆竹相连不住声,财神忙煞共争迎。只求生意今年好,接送何妨到五更。"礼拜财神这一民俗活动反映了人们对财富增长的强烈愿望。人们所礼拜的财神,均为道教信奉的司财之神。今日人们参拜财神,除企望财源茂盛、生意兴隆外,同时还以财神之品德,规范自己的行为。就以太清宫财神殿供奉财神来说吧,"为路头诞辰,金锣爆竹,牲醴毕陈,以争先为利市,必早起迎之,谓之接路头"。这其中也反映人们求财必须勤劳的纯朴思想,即所谓"以争先为利市"也。

拜太岁是太清宫的传统宗教活动,一般在每年正月举行。太岁为道教信奉的六十位星宿神,也是信徒的保护神。对于出生在辛卯年(如2011

的人，辛卯年的值年太岁范宁大将军就是他的本命太岁。当然每年都有一位值年太岁，壬辰年（如2012）的值年太岁就是彭泰大将军。旧时，浦东民间要进行星神降临（传说正月初八是诸星下界的日子）祭祀。当星星闪亮之时，在院中的桌子供上祭品，请当地的道士焚香祭拜。上海太清宫每年正月都要举行"求顺星、迎顺星、祭顺星"的拜太岁仪式，带领信众礼拜值年太岁，祈求吉祥如意。这些天每天都是人山人海，如果信众想参加，一定要赶早来登记。

东岳庙会原为太清宫的传统民俗。旧时，每年农历三月二十八日东岳诞辰之际，太清宫都要举行东岳庙会。在当日清早，太清宫前已有"銮驾仪仗"、"衙役三班"、"六房书吏"、"皂隶禁班"等站立两旁，各路会首带领着队伍听候调度。当炮手连连放炮时，各路队伍就在大会首的统一指挥下，按顺序出发巡游。此时，鞭炮声绵绵不绝，锣鼓声阵阵不息。人们簇拥着东岳大帝乘坐的大轿，"皂隶禁班"阵阵吆喝，高喊"保佑一方风调

◎ 正月拜太岁

◎ 法师洒净赐福

雨顺、五谷丰登、六畜兴旺……"的吉祥语。大轿之后跟着长长的仪仗队，打头阵的是化装成鬼脸的"夜叉"，头戴毡帽，手拿破纸伞，跳跳蹦蹦，摇摇晃晃，开道在前。后面是擎鹰、放鹞的队伍，擎鹰者臂膀上停立一只雄鹰，其后是二十多人组成的放风筝队伍。接下来是"旗会"，有三角形、长方形、正方形以及刀形旗，还有蜈蚣旗、龙旗、太极旗等大帜，色彩缤纷，十分壮观。紧接而至的是"台阁"，"台阁"上站立两名十一二岁的金童玉女，扮成"东岳太子炳灵公"和"东岳女儿碧霞元君"等角色，搬演戏文，这支队伍十分引人注目。"台阁"后面是"田家乐"队伍，队中人人手拿农具模型，紧接着是"渔家乐"队伍，参加者手拿各种渔具模型，这都是悠闲欢乐的队伍。其后是"拜香"的队伍，有儿童表演"文拜香"和"武拜香"舞，后面是"托香炉"的队伍，再后的"提香"、"提花篮"队伍都是成双成对的女子。其中"提花篮"队伍由一群身穿彩服的女青年组成，她们头插鲜花，肩挑造型别致的花篮，步姿优美地前进。"清音班"是庙会队伍中最文静优雅的道士队伍，他们手持乐器，演奏着《迎仙客》、《水龙吟》、《行街》等乐曲，乐声悠扬，悦耳动听。可见，东岳庙会是浦东民俗文化的集中展示。

受太清宫斋醮科仪的影响，浦东地区还产生了一种特有的地方风俗，就是植福预修，也称"寄库科仪"，在当地影响很大。寄库是道教科仪的一种仪式，属于清微法事。寄库科仪顾名思义，就是把现在做道场的功德寄存在自己阴间的银库里，等自己百年之后，就可以使用了。有些信徒尤其是女信徒，担心死后没有人给自己烧纸钱用，或者小辈给自己烧的钱不够用，于是趁自己有点钱，身体还硬朗的时候，请道士做寄库法事。说简单一

◎ 拜太岁祈福红带

点，就是将大量的锡箔折叠成许多元宝或纸锭，请老爷作证寄存在冥国银行，作为冥财，死后备用。做完道场，将一张阴文的存折烧掉，将一张能合契的阳文存折带回家保存，待自己死后由他人负责烧掉，以便在阴间享用。寄库的意义，对于信仰者来说是显而易见的，就是死后可以在阴间继续有钱用，不愁吃不愁穿，享尽冥福。同时，寄库科仪也展现了道教济世度人、报效长辈的愿望，从而保佑生者吉祥如意，死者脱离苦海，永享福禄。

历史上的太清宫不仅是道教圣地，还是浦东百姓集会、祈福的地方。东岳庙会是浦东农村最古老的庙会之一，早在清代就已兴起，民国时达到高峰。而"福"文化成为东岳庙会的核心与特色，距今至少也有几百年了，只是在新中国成立后就中断了。

中国民俗中的宗教信仰内容十分丰富。人们所礼拜的神祇多始于先秦，后世道教在发展过程中曾广泛地吸收民间的信仰内容，加以改造后纳入自己的神灵谱系，成为道教崇拜的尊神或俗神，如灶君、门神、城隍、三官、财神等等。所以应该说，春节民俗活动中所祭拜的诸神，绝大多数为道教之神。换言之，春节民俗中的宗教信仰，主要为道教信仰。仅以春节民俗中的信仰风俗，我们便可以感知，道教对中国社会民俗的影响是深刻的。

铺灯纸扎　民间绝技

太清宫的道教科仪，常使用纸扎和铺灯，以丰富而庄严坛场。这既是道教文化的传承，也是一种民间艺术。纸扎、铺灯艺术传承久远，已经成为道观科仪的特色之一。

中华传统技艺"纸扎走马灯"的历史已经有一千多年了，是大众喜闻乐见的民间工艺，老百姓喜欢用它增添节日气氛。南宋有个著名诗人范成大在《灯市行》诗中提到元宵节看灯的盛况："吴台今古繁华地，偏爱元宵影灯戏。春前腊后天好晴，已向街头作灯市。"诗中的"吴台"就是今天的苏州，"影灯"就是"走马灯"。走马灯图案连续不断地出现与近代科学上视觉暂留的思路是一致的。纸扎走马灯是电影、放映技术源流之一，正是道教发明并运用纸扎走马灯，才使这一技艺得以传承与发展。

走马灯又称转纸片，因纸片上画的是马而得名。古代走马灯常用来表现各种戏文故事，明朝《鼓掌绝尘》一书写人家大门上挂着的走

◎ 纸扎艺术一

马灯,各式各样,内容大多是《董卓仪亭窥吕布》、《武松打虎》、《昆仑月下窃红绡》等一类的故事画。

太清宫在道教科仪中用的走马灯,是用芦苇秆和二篾做成正六角形或者圆形柱体,四面糊纸,使之成为空壳体。上面做成一个圆盘,糊上辐射型的纸条。在这个圆盘上横穿安置六根横杆,横杆的长度要超过壳体的直径,然后在横杆的外端设置垂直的杆,杆长度是壳体高度的一半,在下端糊上事先准备的图案。壳体底部居中点一支大蜡烛,热气上升,使圆盘转动,画面运转,这种灯就称为走马灯。道教徒把走马灯看做是扎纸的一种,是向民间工艺学习来的。道士选用的图案常常是生肖,或者是神仙画像,互相之间不构成内容上的连贯,表达的手段主要是剪纸或者刻纸。道士的纸扎手艺十分高超,除了用纸扎成神像外,还能扎许多灯,如荷花灯、生肖灯。之所以走马灯与道教挂上钩,主要是为迎合民间逢节庆日请道士做祈福道场,道士就制作各种各样五彩缤纷的走马灯来渲染气氛,增强民众的参与度。

◎ 纸扎艺术二

铺灯艺术是太清宫的另一独特道艺,是一种集图案、绘画、书法为一体的珍贵的文化遗产。它与道教科仪有着直接的联系,是灯仪发展的结果。灯仪是中国道教重要的科仪之一,在道教的斋醮活动中占有重要地位。上古时期,人们的照明多依赖火,所以火崇拜十分普遍。灯的发明是人类生活中的一件大事,上古时期已经发明了灯,在汉代使用灯来照明已较为普遍。南北朝时期,灯开始进入道教的科仪,逐渐形成源远流长的道教灯仪。传统道教认为,灯可以上照天庭,下照地狱,因此,灯仪可以向上天祈福,为亡者超度。灯仪中需点的灯数甚多,有三十六盏、四十九盏、八十一盏。但由于场地狭小,所以改为以白米在地上铺以灯图代替,这就有了铺灯艺术。为什么铺灯要用米呢?据《道书援神契》称:"古者仓颉制字而天雨粟,鬼夜哭。故道法划地为狱,以米为界,后世凡铺灯,皆用米。"灯图最初为地狱的象征,后来内容越来越丰富,成为综合性的艺术样式。

太清宫作为改革开放后上海第一座开放的著名道观,吸引了当时浦东乃至上海的许多有名的老道长,他们虽然年事已高,但还是以旺盛的精力开展宗教活动,展示他们家传的绝技。他们表演的灯仪十分独到,尤其是铺灯艺术十分高超。虽然古代道书以及道藏上有关于灯图的记载,但老道长们在铺灯过程中颇多创造。现以太清宫的血湖灯为例,将铺灯程序和内容介绍给大家。

第一步,用白米铺出轮廓。内为四方外层六角或八角,实际铺出两道边幅和带装饰性的匾额。

第二步,在边幅和匾额用黑色矿粉铺上对联,匾额多为"太一真人"、"元皇宫"等字样。

第三步,在框外铺出暗八仙的象征图案,如响板、笛子、花篮、宝剑等分别代表八仙的图案,这些没有着色,纯用白米。

第四步,在图案的四角用白米铺出"血湖浩荡"或者"元皇赦罪",如果两种文字都铺上去,则一种用白米,另一种用黑矿粉。

第五步,中间铺上太乙真人图案。浦东瞿道士铺出的太乙真人神情飘逸,线条柔美,堪称艺术精品。图案用黑红绿白四色,取得了震撼人心的

◎ 科仪灯图

效果。太乙真人头部有一大的圆圈，象征真人的光环。真人手挥拂尘，褒衣博带，仙髯飘飘，造型十分优美。由于现场铺出太乙真人难度大，许多灯图上的太乙真人是用现存的太乙真人画像直接排上去的，所以现在现场铺出太乙真人已经快成绝技了。

第六步，图案已经铺就，便在图案周边摆上灯烛、太乙真人和其他神仙的塑像、纸花篮、渡船等。在道长们炉火纯青的道艺下，既有几何形的规整，又有绘画、书法、美术等技能的珍贵艺术品就诞生了。

和顺阴阳建道场

当你走近上海太清宫道观时，每每会听到悠扬的乐曲、深沉的唱诵传出宫墙，进去一看，会看到众多的道教信徒正在拈香上供，或者虔诚肃穆地在一旁聆听。信众围绕的中心，则是道士们身披法衣，在坛场上进退有序，或唱或念，而坛场一隅，正是伴奏的乐队。原来，这里正在举行庄严的道教科仪。

坛场庄严　科仪规范

有人说：在庙里看道士做道场，站了一天什么也没看懂，比看京剧、昆剧还难。剧场里的京剧演出还有字幕，道士念经咿咿呀呀，不大能听懂，一般信众就磕几个头，算是尽孝尽虔诚。有一次，正巧有个外国女人，看样子是做这方面学问的人，她打着手势，夹杂几句英语问道士。道士也打着道士的手势，大家都像打哑语一样。最后用"阿懂特呢"作结，她瞪大双眼，两手一摊，似乎很惊讶。那动作的全部内容似乎在说，你们土生土长的道教真的很难懂。其实真实现状就是如此，道教的宗教仪式——道教

◎ 道观法事坛场

科仪的复杂性不是一般信众所能理解的。

道教植根于中国社会，活动于民间，与民众的日常生活结合得最紧密。道教不仅影响人生礼俗，对人的生老病死、困苦灾厄，都给予宗教关怀。民众有吉凶之事，都要礼请道士建斋设醮，祈禳济度。早期道教活动于底层民间，早期道教斋醮亦展开于民间，并逐渐与民间风俗信仰相结合。东汉后期，张角在北方创立太平道，信徒达数十万。教祖张道陵在巴蜀创立天师道，亦在道治设置静室，作为斋戒思过、请祷跪拜的场所。唐代民间延请道士至家做法事，已形成风气。唐代高道杜光庭《道教灵验记》中记载了几百则故事，反映了当时社会对道教斋醮科仪的依赖。宋代时期，道教活动更是蔚然成风。

◎ 忏亭

道教是中国本土形成的宗教，作为宗教都有一些基本要素：信仰、组织、信众、行为方式及宗教仪式。宗教仪式是当今任何一个制度化宗教的构成要素，而道教的仪式又有自己的特点。道教在历史上形成丰富的宗教仪式，这些仪式，不仅是道教徒表达信仰的主要方式之一，而且也是道教联系信众，为社会服务的重要方式。道教认为"功德可以成神"，修道可以得道。常人若是虔诚修道，也可以名列仙籍。那么如何表达自己的信仰，如何与虚无玄妙的大道以及整个神仙世界沟通呢？其中极其重要的一条途径，就是举行各类宗教仪式。南朝著名高道、道教仪式的综合整理者和重

要理论家陆修静说过："法师通过斋醮行法是沟通人和神的重要途径，这种斋法行持就是以法术的召神遣将达到祈禳消灾、集福迎祥、保太平安或超度亡爽、荐先登真的目的。"所以对于道教斋醮，历代高道无不重视，并称"非科教无以弘扬大道"。闵智亭道长曾说："道教继承民族文化，在群众信仰和民俗基础上发展演绎的斋醮仪式，形成了道教多用途的斋醮科仪，大则为国祝厘、禳解灾疫、祈晴祷雨，小则安宅镇土、禳灾解厄、祈福祝寿、度亡生方等等，大凡人所希求的事多有用斋醮祈祷之法。"

道教中称为"法"的，在修道实践中包含的内容不止一端，在陆修静的论述中主要指各种宗教仪式。据他说，灵宝斋法称得上是"无量大法桥"，是沟通凡俗与神圣、能使修道者由凡入仙的玄妙桥梁。因此科范仪式在道教中地位极其重要，这是从道教的内部说。再从道教联系信众的角度说，道教的仪式分好几种，按形式分，有斋、醮、忏等。按内容分，则其中有些仪式是专为修道者设置的，例如太清宫道众每日必修的早晚功课，就是其中的一种，也是最简单的一种；有些是以祭拜神灵，求他们赐福为主的，太清宫常做的斋天科仪、东岳朝觐科仪等就是比较易见的例子；还有一些是因为信众生活中发生了某些困难或困惑，求道士为之消灾解厄的；最后一类就是通常说的法或法术。它们的特点是，希望通过举行宗教仪式，召请各路道教的神仙，借助神仙的超自然力量改变自身或对象的现状，达到预期的目的。比如，古代卫生条件差，对抵抗公共疾病的能力低，便有各种驱逐瘟疫的仪式，像在江南沿海地区流行的"送船"仪式，就是从道教的送瘟神仪式中发展起来的。在非典型性肺炎流行时期，太清宫所举行的"饯瘟"清醮也是赶走瘟神的科仪之一，这一大类法术仪式又可以分成变化之术、考召驱邪、治病遣瘟、祈祷禳解和度亡济幽等五个类型，每一类型中又包括了许多不同形式、不同针对性的仪式。

千百年来，道教正是通过各种仪式，特别是其中祭拜神灵的仪式和法术仪式，为信众进行宗教服务。大量的信众也是通过仪式接触道教、认识道教，甚至皈依道教。历代皇朝、地方政府以及家族，在遇到灾难时，或者为预防灾难、祈求祥瑞，都会仰仗道教，请当地的高道举行仪式为之祭祀神灵，祈求清宁两仪，沟通人神，消灾去瘟。

正是这种历史上固有的和现实中仍然保存着的特点，使得道教的仪式在民间具有很大的影响。浦东地区居民在历史上信仰道教的相当多，即使不是笃信的信众，在生活中遇到各种困难，或者家中不幸有人亡故，都会循例请道士举行相应的仪式。道教仪式早已渗透到民俗中。作为浦东最大的道观，太清宫当时聚集了浦东乃至上海最多的道士、法师，上海市区的道士都曾经在太清宫弘扬过道教科仪，所以太清宫保留的科仪门类众多，能应民众的各

◎ 清代虚皇

种信仰需求举行各种斋醮法事，其宗教仪式在民间的威望自然非同一般。所以上海太清宫的道士比较注重科仪，做道场为基本功，也是平时主要的宗教活动，每年的宗教活动至少在五百场以上，也就意味平均每天要做一点五个场次。频繁举行斋醮科仪是太清宫的传统，而太清宫的道长们也清楚地认识到做好各类科仪的重要意义，非常认真地做好各类宗教活动，这使得太清宫显得坛场庄严、科仪规范。

这种庄严与规范，首先表现在道士队伍的规整。做一场法事，必须有多位道众的配合。太清宫的道众平时训练有素，对仪式较为熟悉，一般上坛，都能胜任自己所担任的执事。从整体上说，他们都能在法师的指挥下进止有序。因为各项科仪都是在道乐的伴奏下进行的，道教音乐对法事内容所应具有的氛围的渲染、情绪的表达、情节变化的表现，都显得十分重要，所以太清宫的道众都学习道乐，会演奏一样或几样乐器，如笛、笙、

◎ 法师踏罡布斗

二胡、京胡、唢呐等。在坛场上则要求每个人都有较好的乐感，举手投足能与音乐的节奏合拍，也必须配合高功法师的行持，和谐的吟唱。这些主要靠平时的训练、感受和领悟。每当举行法事，道众身披法服，依科蕆演，在乐队的伴奏下肃静清宁地做仪式，而且很快沉浸在所规定的执事角色中。一般仪式都是多个坛场执事共同配合完成的，所以这种道众的整体素质和合成力量，是做好法事的重要基础。

这种庄严与规范，其次表现在斋醮坛场布置的有序。斋坛是道教在举行较大型的道场时，为行仪的法师和道士专门设立的祭坛。醮坛原来只是指安放诸神的神位以及神像的坛场。唐代以后，斋坛与醮坛逐渐合一。当今道教行仪的坛场，往往既设神位，又举行超度亡魂的科仪，斋坛与醮坛合一。现今举行科仪的场所统称为坛场，或道场。坛场是举行仪式的地方，它虽处于凡间，但在观念中则是人神沟通的圣地，在仪式举行中，经常要请圣或召将，各路神仙在意念上便暂时驻驾于此。法师的一切命令、表文、牒文等也都在这里发送。所以在重要仪式开始前，大多有净坛的传统仪式，意为经过法师符咒、洒水以及布罡禁坛之后，坛场已经神圣化，可以接纳诸路神仙真灵的降临。太清宫作为一处著名的宗教场所，做仪式时不用临时筑坛，一般在专门的经堂中举行，因此经堂的整洁、设置的规范，就成了科仪规范的重要前提。一般说来，为做法事的需要，经堂中要备有忏牌、各类法器（法剑、法印、令牌、朝板、忏衣、道袍、法衣、绛衣、云鞋等）以及乐器（鼓、笙、笛、二胡、唢呐、扬琴等）。在举行法事期间，不许闲杂人等进出，以保持坛场的洁净和庄严。

这种庄严与规范，最终还表现在法师行持的规范。任何法事的举行，法师都是坛场上的核心，是整坛法事的主持者，其活动称为"行持"。一般人们看到的仪式中，都会有三位以上的法师头戴道冠，身披法服，手持朝板，同时上香，礼拜十方。实际上只有其中一位法师是当场法事的主坛法师，又称高功法师。道门中对高功的要求甚高，他不但要有较好的道教造诣，还要有好的嗓子与乐感，如果嗓音洪亮圆润、乐感灵敏，就最为理想。最为关键的是，法师必须是一位品德能服众的高道。因此，太清宫对法师

◎ 法衣

的培养一向很重视，道观恢复开放的近三十年中，在老法师的带领下，培养了品德高尚、理论扎实、科仪熟练的一批年轻法师。由于法师的许多法术，必须师徒间相授受，所以这些年轻法师都师承传统，道艺精湛。

庄严的坛场，规范的科仪，道德高尚的法师，训练有素的道众，一起营造了太清宫道场的神圣性。

清微醮仪　禳灾祈祥

　　道教的禳镇科仪，是道教正一派科仪的重要内容，也是历代道教徒所从事的主要科仪。禳镇，即祈禳镇灾，属"清醮"类科仪。它具有漫长而悠久的历史，丰富而广泛的内容，千百年来，一直为广大道教徒所重视。禳镇科仪的目的，在于调和心性，整洁身、心、口三业，使与神灵相通，赐福消灾，却病延年，具有丰富的社会思想内涵。道教自东汉创教以来，就以清微科仪行世，这是道教教理教义所决定的，也是道教区别于其他宗教的根本所在。

　　在中华民族的历史中，无论是史书还是小说，都有记载道教祖师张天

◎ 禳灾法事

◎ 安土地司科仪

师禳灾祛厄的事迹。《水浒传》开篇第一回《张天师祈禳瘟疫》中说道："话说大宋仁宗天子在位，受百官朝贺。参知政事范仲淹出班奏曰：'目今京师瘟疫盛行，伤损军民甚多。伏望陛下释罪宽恩，祈禳天灾，救济万民。要禳此灾，可宣嗣汉天师星夜临朝，就京师禁院，修设三千六百分罗天大醮，奏闻上帝，可以禳保民间瘟疫。'仁宗天子准奏，钦差太尉洪信为天使，前往江西信州龙虎山，宣请嗣汉天师张真人星夜来朝，祈禳瘟疫。然后天师在东京禁院，做了七昼夜好事，普施符箓，禳救灾病，瘟疫尽消，军民安泰。天师辞朝，乘鹤驾云，自回龙虎山去了。后来仁宗天子在位共四十二年，天下尽皆太平，四方无事。"虽然以上是用艺术手法描述了张天师的事迹，但也充分表明了当时社会对于道教禳灾祛厄等清微科仪的肯定。

道教的禳镇科仪，是在古代原始信仰的基础上以及殷周帝王祀神、祈福活动中逐渐形成的。汉明帝时，张角创太平道以默祷神灵的方式进行首过，天师道承袭古代祭礼形式，书病人姓名及服罪之意于纸上，使有疾病者皆俱录生身以来所犯的过错，亦以首过法设斋戒以告鬼神，又信奉天、地、水三官，并设坛以祭。这种以祈祷之法告之神灵，以求赐福消灾、除疾治病的祭祀活动，是早期道教科仪的基本思想。东晋时，随着上清、灵宝经系的出现，道教斋醮科仪也日趋完善，醮坛仪式名目也日益繁多。尤其是《灵宝经》出现后，道教进入重斋醮仪式的阶段，其教义也别开生面，

宣扬"仙道贵生,无量度人",崇拜元始天尊为至高神,又述十方有度人不死之神,以及三界、五帝、三十二天帝、地府丰都等鬼神系统,叫人齐心修斋,六时行香,诵念道经,以求降福消灾,并能登仙。这是道教禳镇科仪的早期内容。五代杜光庭收集编纂了南北朝以来的各种醮仪,撰《道门科范大全集》八十七卷,是道教仪范集大成者。开篇首录《清旦行道仪》,其多为祈福消灾、禳镇类科仪,教义思想仍以宣传"仙道贵生,无量度人"为宗旨。

道教的禳镇科仪,不仅历史悠久,而且内容也十分丰富,主要有安土镇宅、治病除鬼、求福延寿三大类。安土镇宅,即为使当境岳渎土地之神各安方位,以镇宅解犯,安神辟邪,属祈祷平安类醮仪。治病除鬼,消灾解厄,即运用醮坛法术,召请真神灭邪消魔,斩妖除怪,以达到治病保身

◎ 清微告斗延寿科仪

之功效。求福延寿,即通过醮坛之法,为信士消灾祈福,延年益寿。禳镇科仪主要在于沟通人神,传递信息,以虔诚之心感动神灵,以达到赐福消灾的目的。因此,高功法师要求具有较高的道学修炼。禳镇科仪不仅具有通神功能,而且在心理上也有一定的镇静功效。无论是进庙烧香的香客,还是前来举行斋醮科仪的信士,他们都有一个共同的心愿,不是祈求赐福消灾,就是祈保平安。许多香客都有来道观还愿了愿的习俗,这种传统就使信士在心灵上得到安慰,从现代科学来讲,同样有益于身心健康。道教的禳镇科仪,还有禳镇却患、驱邪降福之功效。仪式在进行过程中,都是符、咒、诀、罡相连并用,其功效往往是比较显著的。禳镇科仪中的符,无论是用色还是用纸都十分讲究,"大抵吞服之符,须用真朱砂,漂净研末,其色鲜红如血者良,画在表黄纸上,服之为宜",而朱砂本身就有一定的药用价值,因此更能达到除邪治病之功效。道教的禳镇科仪在道教斋醮科仪中具有十分重要的地位,一度曾为道教斋醮科仪之主流,在其传演和发展过程中,又不断得到充实和完善,至今仍为道教斋醮科仪的重要内容。

在浦东能经常听老人说,中元节要到太清宫打醮过关,这是怎么一回事呢?

道教正一派法事中为活着的人做的称为清微法事,一般称"醮",打醮的法事都是消灾延生、解厄迎祥集福的,"醮"是祈祷神灵的祭祀仪式,后来变为祈福类道场的总称。道教打醮类祈福科仪自东汉创教以来就有,并以此为主要宗教活动,所以在历代的史记与小说中就有记载。《红楼梦》中用较多篇幅如实记载了这种场面,例如一百〇二回里说:"贾府闹鬼,贾赦请道士作法驱邪。四十九位道众行了一天的坛,将妖怪收在瓶罐里加上封条,由道士带回道观镇在塔下。事后贾府的人病愈复原。"

上海太清宫历来就有"打醮"的传统,已经成为浦东民众的一种习俗。七月打醮是浦东百姓信仰生活的一件大事,称做"过鬼节",请道士设坛作法祈福消灾,是旧时太清宫每年举行的固定宗教活动。"六只方桌搭成台,高台档上挂秤杆。身强力壮钩上挂,老少羸弱笑过关",描绘的就是上海太

◎ 中元节太平公醮法会榜文

清宫七月十五打醮日参加过关的信众前拥后推，村民老少过关的盛况。据说，过了关的信徒可以得到神灵的护佑，过了关的孩子可以健康成长。

道教的禳镇科仪，不仅具有悠久的历史和丰富的内涵，而且也是历代道教斋醮科仪的主流。近代的道教，斋醮科仪虽然也较为繁复，但是禳镇科仪大多为人们所遗忘，有的甚至被神汉巫婆所利用。因此，我们在倡导弘扬道教文化的今天，更应该大力宣传和弘扬道教的传统科仪，使濒临失传的禳镇科仪重新回到道观，发挥其积极的社会作用。

度亡法事　济幽追思

在上海太清宫中，你会经常听到"的格太太老灵额"这么一句上海话，此时你不要感到惊奇，浦东人通常将神仙、菩萨、祖先都称为太太。在古代，"太"指较高的长辈，如太公等称谓。"太"用在神仙、菩萨、祖先身上，含有尊敬、亲切之感，用俗语来说，道教的许多神仙就是我们的祖先。

既然浦东人称祖先为"太太"，那自然意味着浦东人对于追思祭祖有着不一般的风俗。自明清以来，浦东就非常重视祭祀祖先，所以在浦东农家

◎ 1931年落成的杜氏藏书楼（杜家祠堂）

产生了不少祭祀诗，现抄录一首：代代相传有根基，祠堂家谱列祖先；吃水不忘掘井人，祖宗先辈勿忘记；逢时逢节买香烛，一家老小要祭拜；中堂挂有祖先像，红纸对联贴两边；临散勿忘烧锡箔，阴间祖先用纸钱，子孙兴旺财产富，全靠太太来保佑。

近百年来，在上海由张天师亲自为某一家斋主行法的道场就是在浦东。

20世纪上半叶，上海滩最富传奇的人物杜月笙，出生于上海川沙县（今浦东新区），虽然他当时是涉足娱乐、文化、教育、金融、新闻各业的财富大亨，但同时他也是一个地道的道教信徒。20世纪30年代，江西龙虎山六十三代天师张恩溥来沪弘道，杜月笙以弟子之礼诚邀天师到浦东高桥的杜家祠堂做道场祭奠祖先。据说，杜家祠堂于1931年举行杜祠落成典礼，仅仅仗队就有几万人，奉主入祠典礼规格之高，排场之大，堪称空前绝后，蒋介石还赠送匾额《孝思不匮》。

浦东道教，尤其是上海太清宫每年的宗教活动非常多。因为按浦东当地风俗，先人过世就要做"开方、指路"的初衷道场，生怕先人走错路，过了奈何桥，找不到逍遥津。"三七"、"五七"、"六七"时做规模稍大的超度道场，诸如《玉皇忏》、《太乙忏》、《九幽灯》、《九阳灯》、《度桥》、《破血湖》、《款王》、《进表》、《拜斗》。这种信仰在浦东经久不衰。

其实，所谓超度就是活着的人的自我超度，是精神的超度，也表明晚辈对于先人的一种孝道。在超度亡魂的过程中，许多真假虚幻混杂在一起的故事，鞭辟入里地阐发着做人之道。不就人道，休想仙道，所以上海太清宫的门前是一条石头铺就的人道，信徒步履人道，跨过33厘米高的紫檀木门槛，踏进大殿礼拜神灵，算是进了仙道，由方内到了方外。这是一种象征，一种比喻，比喻一个过程，人应当用自己的实践为自我超度添砖加瓦。超度是一种情感和境界的超越，除此之外就没有真正的超度。

明代小说《词话》在描写超亡道场中写道：大清早，全体道众进场，明烛焚香，讽经。黄真人换了九阳雷巾，披上白鹤大氅，焚香净坛，飞符、召将，发送一应符命，启奏三天，告盟十地，三献礼毕，化财行香。斋主跟随在后，到灵前摄召引魂，朝参玉陛。后晌的科仪有升坛发播，上朝拜

◎ 斋醮科仪

忏观灯，解坛送圣，设醮，又做了步金桥、朝参玉陛、皈依三宝、朝玉清、五供养、宣九戒、念符命并十类孤魂。此时，黄真人才从高座上下来，在音乐的伴奏下至门外化财焚烧箱库，算是功德圆满。这是超亡道场部分内容的实录，临时布置的坛场也充满着超亡的气息，基本上是上午拜忏，下午做法事。大小十五出科仪，其间科仪安排有合理的逻辑性，如炼度结束意味亡灵不再久沦长夜，已经有权利开度受生，所以后面就安排步金桥等一类科仪。《词话》为我们展示了五百多年前的祝愿、祈安、驱邪、超亡的科仪，可以说四百多年来，太清宫在坛场布置与现存的科仪文本上与之相较没有多大的变化。

"普施炼度"是道教施食科仪之一，民间俗称"放焰口"，即斋主设置普施道场，请道士念咒施法，把水、食物等供品化为醍醐甘露，赈济九世父母及各类饿鬼亡魂，使之得到超脱，往生天界，永离苦海。通过庄重肃穆的法事活动，让神灵认知斋主敬天法祖、报答亲恩的孝心功德，从而保

◎ 炼度科仪

佑生者福寿康宁、吉祥如意，让死者脱离苦海、共涉仙乡。

太清宫每逢清明节、中元节、冬至节或十月初一，都要装饰一新，为举行规模比较大、场面也比较隆重的普施活动做准备。因为这种在固定日期的施食科仪往往没有特定的斋主，而是针对普天之下的各路幽魂，为他们施食赎罪，祭炼祈福。因此，这种普施活动对普通信众最有吸引力，其社会影响也最大。道教科仪浓厚的上海太清宫更是成为宗教活动的中心，其辐射范围之广，信众参与热情之高，既充分展示了道观普施活动的传统魅力，也生动说明了中华民族对孝亲美德的普遍认同。

正一宗风　传承有序

在浦东地区，有个地方叫御桥，也称御界桥，相传由乾隆下江南过此而得名。桥上有当代名家赵冷月先生手书的"御界桥"三个大字，苍劲有力。桥边刻有碑文："御界桥建于明万历乙亥年（1575），清光绪甲申年（1884）重建，光绪廿三年桥体拓宽。御界桥原为由九块石板组成的普通石桥，因其历史悠久并具传奇色彩而闻名于世。相传桥名因清朝乾隆皇帝下江南而得之。传说当年乾隆离京南下，去南汇（今浦东新区）探望顾成天顾国师，顾为浦东人，清康熙二十年中举，雍正年间，'钦赐'进士，授翰林院编修，留在御书房做皇太子的教师，国师于咸塘浜和小腰泾汇合处迎驾，与乾隆皇帝相会。后人为志纪念，将相会处的石桥命名为'御界桥'。"

浦东道教代表人物姜肇周，又名姜崽、姜霸横，是南汇很有名望的秀才，也是浦东、南汇、川沙一带公认最有影响力的高道。光绪年间，姜肇周父亲姜海春是南汇道会司的道士，其师祖就是乾隆皇帝的御前先生顾成天国师，因此南汇道会司的历史可追溯至清乾隆、嘉庆年代。姜肇周出生于道教世家，长大后曾拜江西龙虎山六十二代天师张元旭为师，因此，学识渊博，科仪正宗，深受浦东道

◎ 浦东北蔡御界桥

教各派之尊重。

浦东道坛与张天师有着密切的关系。浦东的斋醮法事活动丰富多彩，虽有其历史原因，但民国以降，与正一教派的张天师来沪传教不无影响。1912年，应李佳白等人邀请，六十二代天师张元旭抵达上海，酝酿成立中华道教总会，在沪居留期间，主持大型法事活动，并常在贤堂讲道，认为正一教是道教之宗，提倡以修心炼性为宗旨，以印剑丹诀为体用，讲道同时，赐符箓于信士，传职帖于道士。其时，浦东道士、信士纷纷渡江前往聆听，姜肇周凡张天师在沪讲道、

◎ 六十三代天师张恩溥

做法事必前往参加，并拜张天师为先生，然后他将所学到的道艺再传授给浦东的门徒。据太清宫老道长回忆，今整个浦东道门诵经之规矩，法事之程序皆由姜先生所授，而姜先生则学自张天师。所以说，当今浦东道教科仪大体上传承了正一派祖庭江西龙虎山。姜肇周在与天师、先生、师兄弟们在长期的合作研究中形成了自己的独特风格，并积极弘扬正一教义，做出很大成绩。因此，六十三代天师张恩溥带领数百人亲临浦东南汇造拜他，一时名声大振。之后，前来拜师学艺的弟子络绎不绝，他能按弟子的个性、能力、特点，因材施教，培养出有一定名望的道士、法师七十二之多。浦东道教对两代天师都有一种特殊的感情，浦东道士也以学得江西龙虎山正一教宗的道艺而自豪。

浦东地区地缘广阔，道教信仰浓厚，经过浦东历代高道近几百年的传承，桃李满天下。因为历代高道文化底蕴浓厚，道艺水平高超，又与当地

◎ 道观老道长

风俗相融合，浦东产生了许多道教科仪的门派，主要包括：一、演奏水平最高的"东北派"。"东北派"中有不少人担任过沪剧乐师，又有不少人是清音班（民间演奏团体）演奏人员，因此在博采众长的过程中逐渐形成了自己的艺术风格，行腔婉转，演奏细腻。二、道具最全套的"西派"。"西派"的最大特色是道具全套，代表人物是沈长根，他拥有的道教道具"虚皇"和"佛山"最全套。上海杜月笙邀请天师张恩溥到杜家祠堂做道场祭奠祖先时，特请沈长根同道超度。沈带去的道教道具把杜家三埭进深的祠堂都摆满了，同行看了，无不叹为观止，因此而闻名沪上。三、技艺出众的"黄路派"。"黄路派"主要成员瞿祥林，自幼入私塾念书，聪明过人，道教的六项技艺，无一不精。他的念，能用谛钟、木鱼，发号施令，指挥一切；他的写，字体端正，秀丽迷人；他能演奏笛、箫笙、二胡、京胡、三弦、琵琶、鼓、板，件件得心应手，丝丝入扣；他的唱音韵清越、字准腔圆，道曲、京戏、滩黄、浦东说书等南腔北调，信口而出。他也曾

◎ 道观青年道长

与沈长根一起被天师张恩溥邀去为上海闻人杜月笙之祖先做九昼夜道场。四、采百家之长创自己之新的"东南派"。其显著特点是能尽善尽美地打击套曲锣鼓，一只小锣上能清晰地击出"台"、"来"、"柜"三种音色，铙钹上亦能精确地变化出"次"、"浦"、"扎"三种音色，大锣上能见"争"、"净"、"丈"、"光"四种功夫，与唢呐合起来能奏出高难度的《水龙吟》、《胖姑儿》，还能灵活联套，将《水龙吟》的前半部、《胖姑儿》的后半部连缀成《龙头胖脚》。浦东道教不管任何派别，追根溯源，道士、法师大多为姜肇周的门徒。

上海太清宫，历来就是浦东地区道教的中心，又因为它是改革开放后上海最早开放的一个道教宫观，所以当时聚集了浦东乃至上海最多的道士、法师，例如张桥的张文希、徐兰芳，江镇派的薛家道士，川沙派的曹家道士，七宝派的王家道士，南翔派的梅家道士。浦东乃至上海市区的道士都曾经在太清宫弘扬过道教科仪，其宗教活动之兴盛，在上海地

◎ 颁发拜师帖

区的道观中显得十分突出,所以上海太清宫成为上海道教科仪的一个重要窗口。

上海太清宫作为东岳行宫,一直为正一派道士所主持,其科仪一直严守正一宗风。正一派,最初的源头可以追溯到东汉末张道陵祖师所创的正一盟威道。以精于符咒、擅扬科仪闻名,历代正一天师和属下法官严格演习世代符箓科仪,又在不同的时代学习、融合了其他各派的仪式,例如三十代天师张继先学习五雷法,融合了当时的神霄派、清微派等等。不过总的来说,正统的正一法,还是江西龙虎山天师府和大上清宫所传。上海太清宫的道教仪式,便主要传自龙虎山天师府。

太清宫的道长,都受过严格的正一法训练,有明确的师承,有的还是积数代乃至十几代的正一道士世家,如薛家、王家、梅家等,都是祖传的道教世家。薛家的第二十二代道士薛明德道长,现仍在道观中修道,传承道教科仪。老道长是道士世家,他继承许多传统的道教科仪,到他这代已

是二十二代。老人家有精湛的道教科仪功底,对道教的教理教义有很深的见地。别看他已是耄耋之年,可他做法事时,声音洪亮,字句铿锵,举手投足刚劲稳健,中规中矩,如仪如法。他对年轻道友的学习抓得比较紧,要求后学非常严格,严肃认真,一腔一韵,一印一诀,步罡绕坛,召将请圣,科式文书,讲究传统,按威仪行道宣科,凡事亲躬。他已培养出很多年轻道友,在道观担任高功法师。

符咒法术　神奇莫测

古人认为，桃木能驱邪、保平安。民间对桃木情有独钟，人们信仰桃符是因为相信桃木能治鬼辟邪。桃经常出现在中国古代神话传说中，其中最为重要的传说是有两个神人，名叫神荼、郁垒，相传可以治恶鬼。于是民间就用桃木刻成他们的模样，放在自家门口，以辟邪防害。后来，人们干脆在桃木板上刻上神荼、郁垒的名字，认为这样做同样可以镇邪去恶。这种桃木板后来就叫做"桃符"。尽管我国古代文化中有关桃的描述含有很多神话色彩，但桃木辟邪是一个不争的"事实"。首先我们应当明白什

◎ 道观法师画符

◎ 道观法师念咒掐诀

么是"邪"。邪就是不正当、不正派、邪恶、邪念、邪说。道医指邪就是引起疾病的环境因素,常见的有外感六淫,即风、寒、暑、湿、燥、火,以及七情、饮、瘀血等。民间俗称此人中邪了,指的就是邪气入侵人体使人生病,辟邪指的就是通过外部力量降伏妖魔鬼怪使其不侵扰人的意思,其实最简单的说法就是祛病。在医学科技十分落后的远古时期,洪水、猛兽并不是威胁人类生存的第一天敌,因为人类在与大自然搏斗中已经掌握了自然生存的法则,而古人无法认知和解释的是"瘟疫和疾病",它使人们心里产生极度的恐惧,认为神鬼在作怪,有一种看不到摸不着的邪气,是不祥的邪祟。虽然当今社会,科技发展已经进入了探寻暗物质与反物质的时代,但是大自然中仍然有许多变化莫测、神秘未知、不可解释的现象困惑着我们。

记得我小时候外婆生病,家里请来一个老道姑。我看见她在灶台上点燃一柱棒香,然后叽里咕噜地念着什么,念了一阵子便停下来,拿一只白色的大碗,从水缸里舀了半碗水,抽出一支竹筷子插进碗里,居然筷子能直立碗中不倒下来。当时我既觉得神奇,又有点害怕。灶面上还有古怪的声响,吓得我不敢出声。事后我问她这是什么法术,她笑笑说,你不懂。现在我知道她是用道教法术治病。至于法术,至今还是神奇莫测,正如魔术师将一切秘密都告诉了你,你依然感到神秘莫测,甚至感到有神灵帮忙一样。

《水浒传》第一回讲洪太尉误揭天师法符,放走妖魔。话说洪太尉上龙虎山请天师上京为天下百姓禳灾,次日早膳以后,真人请太尉游山。游至"镇魔殿",太尉指着门道:"此殿是什么去处?"真人答道:"此乃前代老祖天师锁镇魔王之殿。"太尉叫从人取十数个火把,见一石碑,前面都是龙章凤篆,天书符箓,人皆不识。照那碑后时,却有四个真字大书,凿着"遇洪而开"。洪太尉在真人劝阻无效后,硬是让人抬走了石板,那是非同小可,只见一道黑气,从穴里滚将起来,掀塌了半个殿角。那道黑气直冲上半天里,空中散作百十道金光,望四面八方去了。惊得洪太尉目睁疑

◎ 江西龙虎山伏魔殿

呆，罔知所措，面色如土。奔到廊下，只见真人向前，叫苦不迭，对洪太尉说道："太尉不知，此殿中当初是祖老天师洞玄真人（太上老君）传下法符，嘱咐道：'此殿内镇锁着三十六员天罡星，七十二座地煞星，共是一百单八个魔君在里面。上立石碑，凿着龙章凤篆天符，镇住在此。若放他出世，必恼下方生灵。'如今太尉走了，怎生是好，他日必为后患。"洪太尉听罢，浑身冷汗，捉颤不住，急急收拾行李，引了从人，下山回京。这虽然是虚构的小说，但小说也是从当时社会的现实生活中来，所以可以肯定的是，小说中所描述的历代张天师镇压魔君的法符在当时还是很灵验的。

道教的法术，古代称为方术，方就是方技，术是变化之玄伎。拥有方术者古人称为方士，如旧时医卜星相之属以及后来的炼丹家，彭祖、容成、岐伯、素女都是有影响力的方士。方术加上神秘色彩也便成了道术，道士行医，望、问、切、脉。咒语符水、驱除疾患，却老求仙，望气，导引，降神，祈祷，祝愿，超度，都是道术名称。晋代道教思想家、炼丹家葛洪在他的《抱朴子》一书中记录了九百多种道术，如用药用符后就能使人上下飞行，手中的执杖变为林木，种豆得瓜，瓜果可食，可使全家连同房屋一起飞升，还能坐见千里之外，女子化为石人等等，不一而足。唐朝张果（八仙之一）能闭息装死，又能隐身，还能预知修咎。唐玄宗本不信神仙，亲眼见了张果的异能不得不佩服，得出的结论是："此术真奇！"

千百年过去了，道术确实还有一定的影响，人们还在把竹筷竖在盛水的碗里，对着竹筷祈求，诉说自己的心愿，竹筷能竖立在水中，表明所求有望，倒下则无成。竹筷为什么能在盛水的碗里直立，依然是神秘的。

"符"是一种被认为能够招致鬼神、厌镇精魅的奇特文书。其文字曲折难辨，似书，又似图，在道法中被大量应用。道符是从哪里来的？道书上说，它本身是天上云气自然结成，古书记载："此符本于结空，太真仰写天文，分别方位，区别图像符书之异。"以后才由太上老君等神仙将它传授至人间。早期的民间道派继承了民间的巫术并且加以发展，巫符也便转变成了道符，并且发展出了成卷连篇的符书。就符字的形式而言，目前见到的

◎ 上清宫镇妖井

道符除使用巫符般的以隶字拼合、变形而成外，又借用篆体和虫书鸟迹的古文，而且后者渐成主流。因为在道士的观念中，此类符书原来是秘于上天的，故称天篆；同时又系云气自然结成，所以其字体多仿篆体及虫书鸟迹的古文，为突出"云书"的特征，笔画故作曲折盘纡如云气缭绕之象。"天篆云书"的观念被道教内部普遍接受后，即使画复文式的符，也尽量使之笔画扭曲，于是这成了道符的一般特征。符广泛地用于道法和斋醮科仪的各个环节，凡建坛、召将、上章、立狱、驱邪、破幽、水火炼度等，都要用符。同时，道士又常用符水为人治病、镇妖、驱邪，所以符在民间多有流传。道符也融汇到民众的岁时风俗中，譬如端午贴天师符、挂护身符袋的习俗即遍及全国不少地区。陆修静曾指出："凡一切符文皆有文字，但人不解读之，若解读符字者可以篆召万灵，役使百鬼，无所不通也。"

太清宫的高功法师法术高超，他们除了通过洒净、变神、捏诀、目运、雷局、斩邪、捉鬼、镇宅、遣神等法术为信众祈福消灾、纳福迎祥外，还能兼法术行医。诸麟福老道长就是其中一位，他擅长中医针灸、推拿，兼用法术。他更有一种特异的功能——符咒访蛇术，能治疗各种被蛇咬伤或生"蛇盘疮"（就是带状疱疹）的病人。这种特异功能他说是祖传的，传子不传女，具体做法是：置一张八仙桌，桌上设香炉烛案，点燃香烛，并放好墨宝，访蛇前，先洗净双手，闭目静坐，净心养神，当体内丹田部位有气感后，开始研墨，此时手上也会得气，并将气流入正在研的墨中，墨要

研得又浓又黑，研墨毕，一边嘴里念符咒，一边将墨放在患者的伤口上，念符咒时，双目凝视伤口的周围，继续丹田运气，以目导引，将患者体内的气脉及血脉往下流去，将有毒的气与血从脚底排泄出外。通常做一次即能痊愈，据老道长本人说，他曾做了几百次，没有一次失败过。他认为防蛇治病，要三者结合，符咒、气功、墨宝，缺一则不能成事。我们问他用的什么墨宝、如何运气以及符咒的念诵，他笑而不答。

改革开放　沪上首坛

在修复太清宫之前,当时上海音乐学院民乐系的陈大灿老师到浦东张桥找张文希老道长,请他帮助回忆道曲,以便搜集整理研究。张文希自己不擅长音乐,但是他有号召和组织能力,于是他成了浦东道教界第一个组织同行回忆道教音乐的人。张先生邀请了吴连根、陈焕涛等师兄、道友,三次组织大家一起回忆道教音乐。六七个老道士,开始时只用一把二胡,大伙专心地拍曲,六工尺乙、乙六工尺工(工尺谱)……有了上句,再也想不出下句,有时想出一句不知道应该接在哪一句的后面,只是你看我我看你地笑。就这样,开始了上海道教科仪的恢复和整理工作。

1982年,上海市道教协会筹委会收回了太清宫,中断近三十年的上海道教重新获得开放,并于次年举行了首场宗教活动。说起这件事,还有一段鲜为人知的故事。就在正式开坛前一天,那位斋主提出原先预定的道场取消,因为海外斋主近来身体欠佳,不能回来磕头行礼尽孝。可是要参加的道士都通知到了,市、县、乡镇的各级领导、团体都邀请了,如此变化真是急煞了当时的张文希老道长。这时,黄

◎ 张文希道长主坛

◎ 改革开放后第一坛

继忠道长自告奋勇地说,这场道场算是做给他岳父母的,于是出现了柳暗花明又一村的转机。

这一天是1983年12月12日,改革开放后,沪上第一坛道场在上海太清宫鸣锣开场。整个活动分两个部分同时进行。第一部分是各区县道友、来宾观摩道场,科仪活动由张文希负责。这场道场是黄继忠道长追荐岳父岳母,内容有早晚功课、玉皇忏、上供、拔亡、奏告,上午8时开坛,下午5时结束。前来祝贺的有市委统战部、市宗教局、川沙(今浦东新区)县委、县人大、县政府、县政协领导,还有市公安局、市社科院、市文史馆、上海音乐学院、县公安局、县天主教协会、县佛教协会以及上海市道教协会筹委会、居士学者等一百多人。这次道场是停止二十多年来的第一次,道长们经文已经生疏,演道者动作已经生硬,但是经过道长们的回忆温习、排练,复苏较快,配合默契,首场活动取得了圆满成功。

◎ 演奏科仪音乐

事后,陈莲笙道长在给市宗教局的书面汇报中说:"川沙道士也有今日的一天,因为有市、区、县领导同志亲临前来祝贺,我活了70余岁的老道,从未见过这样的场面,真是做梦也想不到,这是党的宗教政策的威力。"同时又提到:"体会是一真,即落实政策是真的,修庙是真的,做道场是真的;二消,即思想上消除了疑虑、顾虑;三动,即感动、激动、行动,增强了信念。1982年,川沙公安部门把几个老道进行了处理,今天却协助我们道观维持秩序,这对大家教育意义很大,认识到只要是正常的宗教活动,就一定会受到法律的保护。"

从此,上海太清宫的道教活动逐步兴旺,浦东道教也由此开始走上了它的发展之路。

祈福圣地广结缘

当你漫步在古老的太清宫时，一定会被东岳殿内的"祈福牌"所吸引，两面墙壁上琳琅满目的祈福牌，寄托了众多善男信女求福的美好愿望。所谓"求福得福，戴福还家"，祈福求福是道观的传统，千百年来传承至今。在这里人人平等，没有高低贵贱之分，只有虔诚信仰之缘。如果你与道有缘，神灵一定会赐福于你。

下面，我们将走进千年古观的祈福圣地，想要知道它的玄妙与神奇，还得从东岳祈福说起。

东岳祈福　戴福还乡

古老的上海太清宫，历经千余年的历史传承和宗教文化的积淀，逐渐形成了具有宗教信仰特色的道教文化内涵。道观主供神为东岳大帝，是民众祭祀和崇拜的福神。这里有着历史悠久的"祈福"传统，是广大信徒心目中的祈福圣地，所谓"求福得福，戴福还乡"，已经成为道观宗教文化的一大特色，传承久远，影响广泛。

东岳祈福，为什么会有如此影响，令人神往呢？这还得从泰山说起。泰山又称岱岳、岱宗，被尊为东岳，是有史以来中国第一圣山，被视为离天最近的地方，与王朝的命运息息相关，故自秦始皇起泰山便成为历代帝

◎ 东岳圣诞法会宣读祈祷文

◎ 东岳大帝像

王封禅的圣地。帝王们为祈祷江山永固，国祚绵延，对泰山推崇备至。而在民间，东汉以来，却流传着泰山为治鬼之所的说法，认为人死归土，都要到这里接受审判。泰山脚下的蒿里山、梁父山，便成了招人鬼魂的幽冥地府，泰山神则被称为冥界之王。魏晋时，泰山神人格化为天帝之孙的信仰普遍流传。晋张华《博物志》称：泰山为天帝之孙，主召人魂，东方万物始成，故知人生命之长短。自唐代开始，泰山神被授予封号：唐玄宗时封泰山神为天齐王。宋代大宗祥符元年，天书降于泰山，真宗前往泰山封禅，诏封泰山神为天齐仁圣王。四年，又进封为东岳天齐仁圣帝。此次封禅是历代帝王封禅中最为隆重的一次，也成为此后各地建立东岳行宫的直接推动力。宋中叶后，东岳庙几乎遍及全国，成为道教最有影响的尊神之一。元代世祖时又进一步加封泰山神为东岳天齐大生仁圣帝。明洪武三年诏定岳镇神号，称东岳泰山之神。相传东岳大帝圣诞为三月二十八，各地宫观都要举行盛大的庆典，为民祈福，祈求东岳护佑风调雨顺，国泰民安，

人民幸福。可见，东岳大帝的地位之高、影响之大，已经成为国家祭祀和道教供奉的重要尊神。

不仅如此，东岳信仰在民间也影响很大，一般多与地方风俗结合，成为地方传统习俗的重要内容。据文献记载，宋代时多以祭拜为主，民间流传"拜东岳、烧高香、逛庙会"之说，民众祭祀亦十分虔诚。事实上，当时的东岳圣诞已经形成形式多样的庙会、香会。以北京而言，三月二十八日，燕京祭东岳，民间集众为香会，有为首者掌之。场面盛大，常有鼓乐伴奏，旗幡飘扬，民众争相迎神以拜之。江南地区也同样如此，昆山一带这一日"各乡赛会，男妇游观若狂"。至于苏州玄妙观的东岳殿，平时就"祈福还愿，终岁络绎"，到了这一天，更是盛况空前。也有一些地区，将东岳大帝生日作为民间的一种祭祀习俗，每年农历三月二十八日按时举行。由于各地的风俗不同，东岳圣诞活动的内容也有所不同。如浙江余姚东郊的岳王庙，就把东岳大帝生日当做地方的一个传统节日，并于三月二十七日夜开始过此节。入夜，在庙前观看东岳神灯活动，三月二十八日这天，当地人还要到三江口观看龙舟竞赛。而在浙江黄岩一带则以东岳神会的形式来庆祝东岳圣诞。活动开始前两天，先确定迎会队伍所经过的街道，并打扫干净，俗称"打街"。前一天开始举行声势浩大的迎

◎ 东岳大帝出巡图

会活动，迎会队伍成员，一部分是因病到东岳庙许愿、还愿者和一般信徒，还有一部分是触犯了神灵而自认为有罪者。二十八日清晨，随着一声炮响，迎会队伍开始由城内温庙出发，前有身着衙役服、手持白藤棍的巡路者开路，后有手举"肃静"、"回避"木牌的仪仗队鸣锣开道，再后是锣鼓和乐队，乐队后有成百上千的儿童和成人所扮演的大、小无常以及各种鬼魅。迎会队伍簇拥着温师大神的八抬神轿，后面还跟着一伙身着囚衣、头戴枷锁的"囚犯"。据说，温师大神要将一年来所关押的各种"罪犯"，一起解往东岳庙，听由东岳大帝发落。因此，迎会队伍一路浩浩荡荡，沿路居民纷纷举行路祭，焚香设供，祭祀神灵。队伍抵达东岳庙后，待一声号令，众人涌入庙内，并绕庙一周，举行交接"囚犯"仪式。然后，一部分人送温师大神返庙，迎会活动即告结束。可见，东岳信仰的影响早已深入民间，并与民众生活融为一体。

　　同样，上海地区的东岳信仰也非常广泛，虽然也有民俗的成分，但是与其他地区不同的是，上海地区的东岳圣诞活动，一般都由道教徒主持，在道观内举行。道士诵经拜表，举行隆重的斋醮科仪，为民众消灾祈福，邻近地区的信众皆前来拈香礼拜，祈求祷告。因此，上海地区的东岳信仰延续了道教传统，比较突出东岳信仰的祈福功能。上海太清宫，原名东岳行宫，以泰山岱庙为祖庙，主供神灵为东岳大帝，是执掌人间祸福和生死大事的泰山神。旧时，道观常于东岳圣诞时，举行祭祀，以禳灾祈福。改革开放以后，上海太清宫得到重新修复开放，逐渐成为浦东乃至上海地区最有影响的道观之一。为感谢社会各界和众善信大德的支持，道观恢复传统仪典，举办东岳圣诞祈福法会，使这座千年古观真正成为信众心目中的"祈福圣地"。道观于每年农历三月二十六至二十八日，启建"东岳圣诞祈福法会"三永日，设"祈福斋坛"于观内，道观道众，齐集坛前，同声祈祷，为众善信大德祈福求福。道经称：东岳大帝属下三十六洞天、七十二福地，及靖庐福地仙官，主管人间祸福之事，与民众生活息息相关。信众普遍认为来道观参加祈福法会，必定会得到东岳的赐福。为更好地满足信

◎ 参加东岳圣诞祈福法会的信众

众需求，道观在东岳殿整体移建竣工之后，在东岳殿内增添了一处祈福功德牌，书写善信芳名奉于东岳大殿内，以求东岳大帝之护佑，使信徒求福得福，戴福还乡，福佑全家。

东岳祈福，戴福还乡，是人们对东岳大帝的崇拜和信仰，也是人们对于幸福生活的向往与追求。每年的道观祈福法会都是人山人海，热闹非凡，广大信徒更是虔诚无比、充满喜悦。从一张张虔诚的笑脸上我们看到了他们的幸福感，看到他们对幸福追求的一种满足。广大道教信徒相信，只要虔诚礼拜东岳，申挂祈福牌，参加东岳圣诞祈福法会，就一定能够得到东岳大帝的护佑，赐予幸福人生。当然，对于幸福的理解和追求，不同的人有不同的解释，不同社会阶层的人所追求的幸福也各不相同。比如，穷人以财富为幸福，病人以健康为幸福，有闲者以快乐为幸福，等等。但是，如果一个人整天精神空虚、怨天尤人，而且还心态失衡、不知满足，那肯定是不会幸福的，甚至还会发生祸患。如果一个人身心健康、知足常乐，而且还能信仰虔诚、积极向善、乐善好施、行善积德，

那么其精神生活肯定是充实的，拥有幸福人生也是必然。这就是说，要想求得幸福人生，一要靠神灵护佑，二要靠自身努力，即在物质生活基本满足的条件下，必须要有一个健康的心态。因此，我们衷心祈愿所有虔诚的道教信徒身心健康，祈福得福，戴福还乡，自然会拥有一个幸福的人生。

三清神灯　　增福延寿

　　三清殿是道观的主要殿堂之一，单层重檐全木结构，是典型的明清风格建筑，位于道观的中心偏后位，供奉道教最高神"三清"。走进三清殿，你会情不自禁地被两面墙壁上闪亮的三清神灯所吸引，这是道观最为华丽的光明灯，也是三清仙境的功德神灯，采用古代仙界琉璃精制而成。信徒燃灯祈愿，使心愿为众神所知，则可保佑平安吉祥，增福延寿。

　　三清灯的神奇，不是因为它的华丽和耀眼，而是在于它的至上功德。据传说，古代的三清灯是八角玲珑方灯，乃当年三皇现世应运而出的天、地、人三才宝灯，其中一点灯火内含功德之力。这三盏灯在天地初开之时

◎ 三清大殿

便已生成，三皇时出世，又在天尊旁坐下听道数千年，内含道法规则，其功德威力无比。虽然时过境迁，随着现代社会和科技的发展，三清灯的形式已有所变化，但是其中所包含的宗教信仰的内涵仍然存在，这是人类社会千百年来的传统信仰和美好追求。

三清灯的神奇，还在于"三清尊神"的崇高地位。"三清"是指玉清元始天尊、上清灵宝天尊、太清道德天尊，乃道教最高尊神。其中，元始天尊位列"三清"之首，居于清微天玉清境。道经称："元始者，祖气也；天尊者，一灵至贵，天上地下唯此独尊也。"元始天尊，生于太元之先，禀自然之气而成。先天先地，为众妙之宗。居上境为万天之元，居中境为万化之根，居下境为万帝之尊。天尊之体，常存不灭，每至天地初开，或在玉京之上，或在五方净土，授以秘道，谓之开劫度人。可见，元始居至上天尊之位，仍时刻不忘度化人世间芸芸众生，可谓无上之功德也。灵宝天尊则位列"三清"之二，居于禹余天上清境。道经称：天尊"盖玉晨之精气，庆云之紫烟，玉晖耀焕，金映流真，结化含秀，包凝立神"。灵宝天尊，于开皇年间，托胎于绿那玉国，寄孕于洪氏之胞，凝神琼胎之覆，三千七百年降诞于此国。及其长乃启悟道真，期心高道，坐于枯桑之下精思百日，而元始天尊下降，授灵宝大乘之法妙经十部。于是，灵宝天尊广宣经箓，传乎万世。道德天尊，又称"太上老君"，位列"三清"之三，居于大赤天太清境。据道经记载，太上老君乃"道"的化身。所谓"一散形为气，聚形为太上老君"。这里的"一"就是指"道"，"一者道也，一在天地外，人在天地间"。老君变化自然，智慧无穷。在天为万天之主，在圣为万圣之君，在仙为万仙之总，在真为万真之先，在星为天皇大帝，在教为太上老君。经常巡察人间，惩恶扬善，普度天人。可见，"三清"是至高无上的道教尊神，法力无比，神通自然，深受民众的广泛尊崇。

三清灯的功德与法力，在道教科仪中也有使用。道教在朝拜《大梵斗》时，要先举行燃灯仪式，其中就有燃点三清灯。古代燃灯皆为油灯，需用植物油，燃灯时灯是不允许熄灭的。我们从小说《三国演义》知道，诸葛亮五丈原祭拜北斗七星，魏延突然闯进，星灯熄灭，祭灯失败。当然，我

◎ 三清神灯

们现在采用电灯,一般不会熄灭。燃灯时,道众要诵回光神咒,其中有:惠光一照,遍彻十方;家门富盛,咸保长生;字书紫府,名列上清;分灯散辉,断绝不祥;等等。此外,还要诵燃灯赞:"三清光芒,丽散十方。诸天诸地悉照朗,遐想通精诚,炎明朗景,永燃三清灯。"可见,神灯法力无比,上可光耀诸天,下可灾殃消散。道门向来重视燃灯功德,使众善信"永离苦暗之功,长睹光明之化"。道众称念,大罗元始天尊,大圣灵宝天尊,大圣道德天尊,不可思议功德。现代所供奉的三清灯,虽然与古代科仪中燃点三清灯有所不同,但其功能仍有相似之处,只是信徒的祈求更加直接明了,燃灯的目的也增加了现代社会生活内容,目标就是追求增福延寿。

　　三清灯主供神为太上老君,是道教的长寿之神。道经称:太上老君"生于无始,起于无因,为万道之先,元气之祖"。相传,老君代代化身,历劫度人。初三皇时,化身为万法天师;中三皇时,为盘古先生;伏羲时,为郁华子;女娲氏时,为郁密子;神农时,为太成子;轩辕时,为广成子;少皞时,为随应子;尧时,为务成子;舜时,为尹寿子;禹时,为真行子;汤时,为锡则子。老君虽累世化身,而未有诞生之迹。直到商阳甲时,分神化气,始寄胎玄妙玉女,孕育整整八十一年,降诞于楚国苦县厉乡曲仁里这个地方,化身为老子,成为道家学派的创始者,后被道教尊奉为道祖。所授道德五千言,成为教化天下众生的金玉良言。老子在《道德经》中明确提出了他的养生思想,那就是"载营魄抱一"。所谓"营魄",就是指魂魄,实指人身中的元神和元精。先天元神本为清静,因后天欲念所干扰而散乱不安。养

生之要就在于去除妄念,清心寡欲,则元神自然清静,元精也会自然安宁。这里的"载",就是要将元神、元精同载于一车,使其抱一不离,互为运转。人若能将生命秉受中的营魄合抱为一,永不分离,自然就会长生。在这里,老君向人们宣告了他的长生秘诀,可谓是功德无量之举。所以,信众求长寿者,多来朝拜太上老君。

三清灯给信众带来了光明,带来了幸福,也带来了长寿。现实生活中,一个人如果始终处于紧张状态,就会导致身心疲惫、

◎ 太上老君像

精神涣散。营魄合一是要你保持一颗平常心,不要患得患失,一切顺其自然,终能持盈保泰。当你燃点三清神灯,自然就会蒙恩太上垂慈,始终保持一种积极向善的良好心态,能够快乐地吃饭,能够安稳地睡觉。始终让自己的生活充满祥和与快乐,便是幸福长生诀。三清神灯,照耀着我们的心灵,给我们指点迷津。因此,我们每一个人都应该如此,破除思想的纷繁,阻止情感的波动,不让自己的心灵在散乱中迷失方向,心灵的安宁才是幸福的归宿,营魄的合一才是长寿的目标。我们要从三清神灯中得到启示,从三清神灯中得到保佑,祝愿广大信徒幸福、快乐、健康、长寿。

财运神灯　招财利市

财神殿，不是道观的主殿，却是道教信徒最多的殿堂之一。原因主要有三点：一是随着我国经济社会的快速发展，人们开始关注财富和重视财富的积累；二是财富与人们的物质生活关系密切，成为社会各阶层的目标追求；三是在市场经济大潮中，为了更好地体现自身的价值，人们不断追求财富。于是，财神自然就被多数民众所信奉，财神灯也成了信徒表达信仰需求的一种途径与方式。信徒在财神殿燃点财运灯，即可照耀财路光明通达。凡经商者，可广开财路，通达财源；流年财运不顺者，可消灾转运，顺畅财运；流年财运顺者，可保财丰盈。

财运灯的神奇，主要在于他的"赐财"，即所谓"开财路、赐财源"。道教所供奉的财神为赵公元帅。其部下有八猛将、六毒大神、五方雷神、二十八将等，能驱雷役电，呼风唤雨，除瘟祛疟，治病禳灾，讼冤伸抑，买卖和合，可谓神通广大。财神是财富的化身，他掌管着天下的财富，布施人

◎ 财神赵元帅像

间有缘之人。相传，财神曾有一个藏宝的仓库，就建在上海松江地区的天马山，宝库由天马守护，天马山也由此得名。说起财神宝库，还有一段有趣的故事。据说，在很久很久以前，财神赵公元帅在一次巡山时，不慎将宝库钥匙丢失，被天马山脚下开豆腐店的李五福拾得，李五福经高人指点，方知为宝库钥匙，因此非常高兴，这下可以发大财了。于是，趁天黑夜深人静时，李五福直奔山坳，绕山三周，找到宝库大门，口中念念有词：宝库开门！宝库开门！不一会儿，猛听得一声巨响，山坳里突然显现出一座粉墙黛瓦大院，院中金光闪烁，富丽堂皇，李五福看得眼花缭乱，走进院子，但见金银珠宝，堆积如山，顿时心花怒放。突然，听得一声吼叫，一匹神马腾空而去，眨眼间，院门隆隆合上。原来，那天马山正是财神赵公元帅的仓库，天马是仓库的守护神。李五福开山门的时候，正逢赵公元帅从太上老君那里回府，猛听得一声巨响，但见宝山金光直透天界，方知有人拾得宝库钥匙进山窃宝，于是急忙派天马下凡，索回宝库钥匙。这个故事也说明，人世间有贪财之人，想通过不劳而获来取得财富，这是违背天道的。自此，财神深知责任重大，管理财物格外小心，钥匙也从未丢失过，只是在"赐财"时方才打开宝库。平日里，财神爷常要巡察人间，监督买卖公平，惩恶扬善，合理布施，赐财于善行之家。燃点财运灯，供奉于财神殿，自然会得到财神的垂慈。当然，对于燃点财运灯的信众，财神也不会平白无故赐财于他，信众还是要通过自身努力。所谓"一分耕耘，一分收获"，财富也是如此，只有当你付出了努力，财神才会更加关注于你，适时给予合理布施，使你的事业得到更好的发展。

  财运灯的神奇，还在于他的"顺财"，即所谓"转流年、顺财运"。据说，人的财运好坏，主要看两个方面：一是手掌上的财运线。所谓财运线，是源于小指根部的短而竖的线条，表示财运的好坏，对于重视理财投资的人来说，这条线是相当重要的。如果财运线挺直，而且没有障碍线破坏，表示此人财运顺利，若再加上智慧线发展良好，就很有可能成为有钱的富人。如果财运线曲折或断断续续，就表示财运较差。二是根据十二生肖相生相克的原理，推算流年财运的好坏。对于流年财运不顺者，一般不宜进

◎ 财运神灯

行大的投资，事业要小心经营。那么，如何才能转运呢？财运灯会给你带来好运。如果流年财运不顺，可以在财神殿燃点财运灯，一般能起到转运消灾之功效。现代社会中，人们重视财富，关注自己的财运，是一种社会心理和社会思潮。在这种社会状态和社会环境下，人们爱慕财富，敬重富人，以富为荣，努力创造和积累财富，这是一种正常和健康的社会，是一种自然合理的财富观念。

财运灯的神奇，还在于他的"保财"，即所谓"掌财富、保丰盈"。老子《道德经》说："金玉满堂，莫知能守。"这明确告诫我们，对于占有大量财富者，守财也并非易事。对于如何保财？有两个因素非常重要：一是我们聚财的手段和途径必须要合法，只有合法的财富积累，才会得到财神的保佑。二是要做财富的主人，千万不要做吝啬鬼和守财奴。有人说，财富是最好的仆人，却是最坏的主人。当你的生活为追求财富所主宰时，你就迷失了自我；而当你的财富为你的生活所主宰时，你就接近幸福。财富

◎ 接财神仪式

对于守财奴而言，只是一串数字而已，而对于理智的人而言，应该是随时可以打发的仆人。这就是说，受财富左右的人，财富越多就会感觉越累。那么，我们如何才能成为财富的主人？道经里把人类分成三种：第一种是盲人。这种人不知如何使自己拥有的财富增长，不知如何获得新的财富，他们也无法区分道德上的好坏。第二种是独眼人。他只有一只金钱眼，而无道德之慧眼。这种人只知道如何使自己拥有的财富增长和创造新财富，但不知道如何培养好的道德品质。第三种是双眼者。他既有金钱眼，又有道德之慧眼。他既能使已有的财富增长，并获得新财富，又能培养良好的道德品质，做一个有德而富、富而有德之人。这种人自然能够守住自己的财富，成为拥有财富的幸福者，这是因为道教的财神也是尊重品德高尚者的。赵公元帅的随从，一是招财童子，二是利市仙官。就是说，你既要招财进宝，积累财富，又要符合市场规律，合法经营。因此，财运灯的"保财"功能，也反映了富人的一种心态，是社会财富积累的一个显现。人们

◎ 参加接财神的信众

希望得到财神的护佑，能够更好地掌握自己的财富。财运灯应运而生，符合市场经济的发展规律，也极大地满足了人们的信仰需求。

当今商品经济的社会中，"天下熙熙，皆为利来；天下攘攘，皆为利往"，对于财神的崇拜也日渐兴盛。如今，各道观正月初四接财神已蔚然成风，善男信女，虔诚礼拜，殿堂内外，摩肩接踵。商家店铺往往贴着这样的对联：生意兴隆通四海，财源茂盛达三江。这种对财神的企盼也表现了人们对美好生活的向往和追求。

文昌星灯　通达学业

在中国古代读书人的心中,有一个神圣的"至圣先师"形象,那就是孔子。孔子作为儒家文化的思想源头和教育界的先驱者,由他的弟子和历代儒士陪祀,供奉于文庙,接受世人的仰慕和崇敬。而在中国古代漫长的科举求仕之路上,还有另一位神祇陪伴着读书人,那就是文昌帝君。相传,文昌帝君"司人禄籍",掌握着读书人金榜题名、升官发财的人生梦想。有多少文人学士为了一份"早脱蓝衫换紫袍"的热望,一心向往科举成名。他们在香烟缭绕的文昌殿顶礼膜拜,企盼早日踏进及第的大门。文昌帝君星灯,不仅照耀着百姓的生活,而且也是为文化人而燃,为历代读书人所信奉和崇拜。

文昌帝君为掌管众生学业、升学和仕途之神。文昌灯,又称学业灯、仕途灯。信徒在文昌殿内燃点文昌灯,即可照耀其学业和仕途之路光明通达。凡求学者,学业增进,文运亨通。凡升

◎ 文昌帝君画像

◎ 文昌帝君像

学者，才思敏捷，金榜题名。凡为官者，仕途通达，功成名就。当你步入文昌殿时，两面墙壁上的光明灯，可是殿内一道亮丽的风景线。从其闪烁的灯光中，我们仿佛看到一张张虔诚的笑脸，看到世间学子对金榜题名的企盼和对仕途通达的追求。

文昌星灯，是实现"金榜题名"的一种信仰，也是十年寒窗苦读所追求的目标，寄托了莘莘学子的美好愿望。作为文章的司命神，文昌帝君常显灵护佑赶考学子。相传，在古代长安有座文昌庙，凡"士大夫过之，得风雨送，必至宰相；进士过之，得风雨则必殿魁"。这就是说，文昌帝君非常灵验，如果有士大夫路过这里，遇上风雨，那么这位士大夫必然官至宰相；如果进士经过这里，得风雨相送则一定能中状元。《夷坚志》卷八记载了何文缜的故事。据说何文缜进京赶考，经过梓潼，本来打算祭拜文昌帝君，不料记性不好忘记了，等走出十多里之后才想起来，赶紧下马回头祭

拜，并在心中默默祈祷。这天夜里，他梦见文昌帝君将一画卷文书向外投出，何文缜拾取文书一看，其中有一句话是："朕临轩策士得十人，今汝袖然为举首。"科考后，何果然中了状元，为一甲十人之首，后来官至丞相。

当然，对于无德之人或无科举功名者，文昌帝君是不会保佑的。如宋真宗时，西蜀有二举人夜过文昌庙，风雨阻程，就在庙中就寝。二人向文昌神祈梦，朦胧中忽见文昌显灵，数位神仙飘然汇聚庙中。其中一位神说，天命我等作明年状元赋，当在这里商议题目，众神商定以"铸鼎象物赋"为题，还拟好赋文，高声朗读，并招来年状元魂魄授之。二人暗中记下试题，高兴而去。等到殿试，皇上果然出了相同试题，可惜就在下笔的时候，二人却均将赋文全部忘掉，结果自然是名落孙山。这一故事说明，文昌帝君虽然掌管人间功名禄籍，但是要想顺利通过科举考试而取得禄籍，必须具备两个条件：一是在世间与人为善，忠孝处世，品行端正；二是要有一定的才华，并非徒有虚名。这样才能得到文昌帝君的眷顾，才有可能被添注禄籍。因此，世间莘莘学子要想实现"金榜题名"的愿望，首先必须要认

◎ 文昌星灯

认真真学习，踏踏实实做人，成为品学兼优的好学生；其次，通过燃点文昌星灯，使心愿上达天庭，得到文昌帝君的护佑，自然会得到好运，实现心中的美好愿望。

文昌星灯，也是实现"仕途通达"的一种信念，因为"仕途"是历代文人学士们所追求的目标，文昌灯则是他们早日实现心愿的一种企盼。中国古代的科举制度，虽然存在一些弊端，但是作为选拔人才的一种手段，还是起到了一定的积极作用。比如通过公开的考试，让士子们公平竞争，使国家公正地选拔人才，这不仅影响了中国1300年，还影响了外国。据说，西方的文官制度，就是学了它才产生的，故中国的科举制度被称作中国的"第五大发明"。古人强调"学而优则仕"，强调教育人的目的和宗旨就是要把学生训练成多才多艺的人，希望他们学成后去从政，以便在社会生活中发挥作用。在今天看来，这当然是不全面的。但是，这种"学而优则仕"的思想却影响中国文人数千年，至今仍然兴盛不衰。每年国家和地方公务员招考，考生总是人满为患，场面之壮观，竞争之激烈，可见一斑。为了实现"仕途"的通达，人们自然想到了文昌帝君。每逢文昌圣诞之时，观内文昌殿总是人山人海，众多文人学子争相朝拜，有的默默祈祷，有的燃点文昌星灯。从道观文昌殿众多信徒的身上，我们又看到了新的"学而优则仕"，也看到人们对文昌帝君的无比崇拜，更看到文昌帝君所肩负的历史重任。

那么，文昌帝君是何方神圣？怎么能有如此法力？这还得从文昌帝君的由来说起。文昌帝君信仰与古代的星宿文昌星崇拜关系密切，也可以说文昌帝君是从文昌星演变而来。文昌星，古代星相家将其解释为大富大贵的吉星。所谓"文昌"，也就是"文运昌盛"的意思。文昌星是指紫微宫里的星君，下辖有中台神君，"名六淳，主禄位"。道教尊文昌帝君为主宰功名禄位之神，民间亦有"生死隶东岳，功名隶文昌"之说。文昌帝君在人间受到的崇拜，除了表现为各种灵迹传说的流行之外，还表现为历代帝王给予封号。唐僖宗时，亲祀文昌神，敕封"顺济王"。此时的文昌星与文运相连，直接指代科举考试。宋代时期，封为"神文圣武孝德圣烈王"，掌文昌府事和人间禄籍。元仁宗时，封为"辅元开化文昌司禄宏仁帝君"，并钦

◎ 文昌帝君法会

定为忠国、孝家、益明、正直之神。明初，各地修建文昌庙、文昌祠、文昌宫，文昌信仰十分兴盛。清朝时期，文昌信仰普及，帝王也倍加推崇。嘉庆皇帝曾颁诏令曰："文昌帝君主持文运，福国佑民，崇正教，辟邪说，灵迹最著，海内推崇，与关圣大帝相同。允宜列入祀典，用光文治。"同时，还下诏全国崇奉文昌帝君，要求地方官吏祭祀文昌帝君。帝王的崇奉推动了文昌信仰的普及，扩大了文昌信仰的影响。

科举制度给予了平民取得功名、进入仕途的希望，但是，又有多少士子能够从此脱离平民的地位，官运亨通，青云直上呢？怀抱着黄粱美梦，又有多少士子为之熬白了少年头啊。在古代社会，为了要把握这一难得的接近权力的机会，有人自然会求助于神灵，将自己的梦想寄托于神灵的帮助。文昌帝君的信仰也是随着科举制度的兴起而逐渐兴盛的。当今社会，虽然已经取消了科举制度，但是每年的高考以及各种晋升考试，仍然离不开科举的影子。文昌帝君的信仰在当代社会还将继续发挥积极作用，文昌星灯则是照耀学子们前程的明灯，也是人们追求理想、实现梦想的一种美好期盼。

月老仙灯　和合姻缘

在道观的东厢房,有一个月老殿,供奉着一位月下老人,深受青年男女的信奉和崇拜。殿内的月老仙灯,更是受到民众的普遍喜爱。在道教的神谱中,月老的地位并不高,为什么会有如此影响呢?原来,月老是一位谋合和主宰人间爱情婚姻的神灵,与民众生活和家庭幸福息息相关,自然会受到人们的普遍信仰。月老灯的主要社会功能,一是促成青年男女恋爱结婚,所谓"千里姻缘一线牵",使天下有情人终成眷属;二是保佑婚姻和睦,促进家庭幸福,进而维护社会和谐稳定。

◎ 月下老人画像

月老仙灯,谋合婚姻,促成姻缘。传统社会中,青年男女恋爱结婚,皆需要媒人,所谓"父母之命,媒妁之言"。《说文解字》释"媒"作"谋也,谋合二姓"。古代的媒神,指的是女娲,她是一位生育人类的母亲。到了唐代,民间奉祀的媒神开始变成了月下老人,亦称"月老"。因此,月老就成了后世媒人的代名词了。说起月下老人,还有一段美丽的故事。

唐太宗初年,有一位名叫韦固的年轻人,少年便丧父母,想早点成个家,然而多处求婚,却没有一次成功的。有一天,他来到宋城,住在旅店中。同宿的客人，介绍他与前任清和司马的小姐议婚，讲好次日早晨见面。韦固求婚心切，天刚蒙蒙亮就跑去了。这时，月儿将落，但月光还明亮，只见一位老人在月光下检视文书。韦固便好奇地问："老伯您看的是什么书啊？我怎么一个字都不认识。"老人笑着说："这是天书，是天下人的婚姻簿子。"韦固一听大喜，忙请问："我的婚姻如何？"老人回答道："你的妻子，刚满三岁，要十七岁才进你家门。"韦固大失所望，顺便问一下："老伯背袋中装的是啥？"老人说："红绳子，是专门用来系有缘成婚男女之足。你的脚已经系上那一位的脚了"。韦固又问："那么我的妻子在哪里，可以看一看吗？"老人答道："就是这店北边卖菜陈婆子的孙女。"老人领着韦固来到菜场，韦固见到自己三岁的妻子，穿得破烂，长得也很难看，韦固不由大怒，说道："我杀了她，行不行？"老人说："命中姻缘不能改变。"说完老人便消失了。韦固回到旅店后，许诺千金要仆人将她杀死。由于菜市场人多，仆人在慌乱中只刺中她眉心就逃跑了。此后，韦固又多方求婚，都没有成功。十四年后，因朝廷念其父生前有功，任命韦固为相州参军，刺史王泰见其有才干，便把女儿嫁给他。小姐年约十六七岁，容貌美丽，韦固十分满意。只是她眉间常贴着一块小花，从来都不取下来。完婚年余，韦固再三问其戴花缘由，夫人才伤心流泪地说："我只是刺史的侄女，不是亲生女。以往父亲曾做宋城县令，死在任上。当时我还很小，母亲、哥哥又相继亡故。我和奶奶陈氏相依为命，每天靠卖菜度日。一天，我被一丧心病狂的贼子刺了一刀，刀痕至今还在，所以用花盖上。后来，叔叔到附近做官，我才跟他来到这里。现在，叔叔又将我当亲生女儿嫁给你。"韦固听后，感叹道："这就是前世姻缘啊！"然后把事情的经过说了一遍，并请求妻子的原谅。夫妻二人经过这番波折，更加相敬相爱。韦固的故事传开后，人们都知道有位神仙管人间婚姻，只是不知他姓甚名谁，只好称之为"月下老人"。

这个故事说明，人的姻缘是前世就定下的，今世再通过"月老"的牵线，才能成为夫妻。现代社会中，青年男女虽然实行恋爱自由，但是他们为了尽快找到自己的终身伴侣，有时也求助于"月老"，求助于月老仙灯，

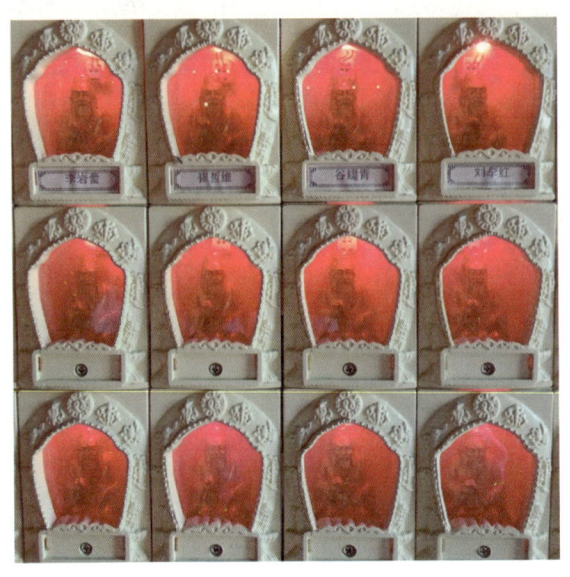

◎ 月老仙灯

因为只有"月老"才可以谋合婚姻、促成姻缘。

月老仙灯，保佑婚姻，促进和睦。健康的婚姻是家庭和睦的基础，人们都渴望婚姻生活幸福。然而，现实生活中有许多事往往是事与愿违的，有时你越是看重的事就越不能如愿，婚姻也是如此。当今社会，物质越来越丰富，生活越来越方便，可人们越来越没有幸福感，为什么人们感受不到幸福？原因虽然很多，但是有一点是应该值得关注的，那就是婚姻家庭所出现的亚健康问题，因为亚健康婚姻直接影响到家庭的幸福，影响到人们的幸福感。所谓亚健康婚姻状态，是指只有法律意义上的婚姻，却没有相对应完整的、幸福的家庭生活。而在我们衣食住行趋于满足的今天，亚健康婚姻正在向每一个家庭逼近。不管你是什么职业，无论你身居何处，哪怕你是一位富翁，家财万贯；哪怕你是一位领导，手握重权；哪怕你是一位成功的企业家，名利双收；哪怕你是社会的名流，或是一位资深的学者，但是你却不能保证自己的婚姻完美，你依然可能会受到离婚的冲击，因为亚健康婚姻状况正在向我们现在的家庭靠近。据不完全统计，目前亚健康婚姻家庭占据所有家庭的百分之七十以上，而真正健康的婚姻家庭却不足三成。可见，在物欲横流的社会中，现代婚姻家庭面临着重大危机，受到来自社会各方面、各因素的考验。在如此复杂的社会情况下，要继续保持婚姻家庭的健康稳定，这就需要多方面的共同努力。我们要充分发挥月老仙灯的传统信仰功能，对于婚姻中出现的危机进行适时的调解和疏导，使有缘成缘，使无缘补缘，使善缘能续缘，使幸福的婚姻经受住诱惑，使危机中的

◎ 月老仙师像

婚姻经受住考验，进而使现代社会婚姻家庭永葆青春。

　　月老是掌管人间姻缘之神，信徒祈求月老，虔诚点亮月老仙灯，可使爱情顺利，让未婚者早日找到理想对象；有心仪对象者，更容易透过月老仙灯牵线，使恋情加温，爱情成功。世间有许多渴求爱情滋润及缔结善缘的善男信女，从南到北，不远千里，只为来到太清宫月老面前，燃点仙灯，祈求保佑，希望早日觅得如意伴侣或是增加良缘。因此，一段良缘全靠月老的红线帮忙，让有情人相遇、相知、相恋，使有情人终成眷属；一段稳定的姻缘同样需要月老的护佑，使婚姻家庭更加幸福美满。

药王仙灯　健康良方

当今社会，人们最关心什么？回答肯定是多样的：年轻人关心的是事业与前途，中年人关心的是名利与地位，老年人关心的则是平安与健康。但是，不管你是年轻人、中年人，还是老年人，平安与健康应该是你最关心的问题，这不是老年人的专利，特别是在经济社会快速发展的今天，健康才是真正的财富。

道观的西厢房有一间药王殿，面积不大，是观内最小的殿堂之一，但却供奉着道教尊神"药王"，时刻关注着众生的健康，是民众平安健康的保护神。殿堂两面墙壁上的药王仙灯，闪烁着耀眼的光芒，昭示着仙灯的神奇功效，被广大道教信徒誉为健康良方。

药王仙灯的神奇主要在于"药王"医学高超、医技精湛，是人们心目中的神医。在祖国中医发展史上，药王孙思邈是一位彪炳千古的医学家。他一生致力于临床医学和药物的研究，精通内科、外科、妇科、儿科、五官科和针灸科等，集隋唐以来的医学理论和医学实践之大成，在中医理论、医药学科建设和医德

◎ 药王孙真人画像

建设等方面，取得了引人注目的成就，为中医的发展建立了不可磨灭的功勋。药王孙思邈先后到河南、湖北、山东、安徽、山西、河北等地采药治病，在长年为平民百姓治疗各种疾病的实践中，他把所学的医学理论与临床实践融会贯通，并进行了大量创新，医学技术达到了炉火纯青的境界。《本草蒙筌·历代名医图赞》称："唐孙真人，方药绝伦，扶危拯弱，应效如神。"他医学高超，被封为"药王"。关于"药王"的由来，还有一个传说故事。相传有一年，孙思邈要到峨眉山采药，途经长安，遇到老友，被邀

◎ 药王孙真人像

请逗留几天。正巧，宫里太监在长安四处寻找名医，说是长孙皇后难产，京城的御医、名医都看过了，没有办法。皇后有生命危险，太监们听说名医孙思邈来到了长安，就执意要请孙思邈进宫给皇后看病。按照宫中规定，医生给皇帝的后妃们看病，不能面见，只能"悬丝诊脉"。因为孙思邈只是一位民间医师，不是有职衔的御医。太监们有意试试他的医术，先是把丝线系在笤帚上，孙思邈一按就放下了；接着又把丝线系在桌子腿上，孙思邈摇了摇头；再将丝线系在鹦鹉的腿上，孙思邈一按就站起来要走。太监们这才把丝线系在娘娘的手腕上，孙思邈精通妇科，诊断脉象后，确诊只

是滞产,便开出一剂药方。娘娘服后,顺利生下了太子。唐太宗非常高兴,夸奖孙思邈说:"你曾医好了朕,治好了公主,现在又救了皇后的命,朕又喜得太子,你的功劳不小。不愧为药王啊!"皇帝是金口,既然称他为"药王",就要给予相当王的封地赏赐。孙思邈却只求治病救人,封赏一概不受。从此,"药王"的封号就流传开了。

药王孙思邈并非浪得虚名,他医学高超,有"药到病除"之名,更有"妙手回春"之誉,可谓是一位名副其实的"神医"。他编撰的《千金药方》和《千金翼方》,成为我国医学史上公认的第一部临床医学百科全书,被后世誉为"方书之祖"。在临床医学上,他创造了很多奇迹,例如:唐武德年间,他成功治愈过上吐下泻的重症;贞观初年,他治愈过几乎不治的虚痨病;贞观九年,他妙手回春,治愈了汉王的顽固性水肿病;永徽元年,他用内服中药的方法治愈了箭伤的顽症;等等。除此之外,他在数十年的医疗实践中,还医治了无数的麻风病人,这在1400年前,堪称医学史上的奇迹。还有各种多方求医而无效的疑难杂症,一经孙思邈诊治多可药到病除。孙思邈由于医技精湛,成就杰出,深受民众的尊崇。宋徽宗敕封他为"妙应真人",清顺治奉为"神医",道教尊其为神仙。千百年来,人们为他立庙塑像,建亭刻碑,奉祀不辍。在全国,很多地区都有供奉药王的殿宇,每年都要举行盛大的祭祀活动,朝拜药王已经成为民众千百年来的一种传统习俗。在上海太清宫药王殿内,信徒点亮药王仙灯,祈盼得到药王的保佑。药王医技精湛,妙手回春,医学高超,药到病除,是人民心目中的神医。他常行迹于世间,治病救人。信徒燃点药王仙灯,自然会上达药王,保佑健康。

药王仙灯的神奇还在于药王医德高尚、济世救人,是慈悲济世的典范。据史载:他品德高尚、淡泊名利,曾三次拒弃爵位。隋文帝辅政时,征他为国子博士,他"称疾不起";唐太宗即位时,"将授以爵位,固辞不受";高宗召见,拜谏议大夫,又固辞不受。他甘当一名济世救人的民间医生,为黎民百姓的健康而奔走于乡村田野。药王的医德不仅表现在对人

类的慈爱,而且还表现在对其他生命的慈悲。他在《大医精诚》中明确指出:"自古名贤治病,多用生命以济危急,虽曰贱畜贵人,至于爱命,人畜一也。"药王医术高明,药方灵验。由于他济世救人,立功立德,因此传说天上地下、仙圣凡俗都知道他有手到病除的高超医术,都想请他医治疾病。明程登吉《幼学琼林》称:"孙思邈得龙宫方,能医虎口龙鳞。"说到"医虎",这里还有一个传说故事。相传,有一年夏天,孙思邈赶着毛驴去五台山采药。他来到一处山谷,发现药材很多,就将毛驴拴在树上,进山采药去了。不久,一只猛虎从树林里跳了出来,吃掉了这头毛驴。因为吃得匆忙,老虎的喉咙被一根骨头卡住,难受极了,便来求孙思邈医治。见此情景,孙思邈也感到很为难,他心想虎乃残忍之类,我岂能救之,于是说道:"我平生有三不治,恶棍不治,妖邪不治,残害人群者不治。"说完就要离开。那虎紧紧跟着,苦苦哀求,竟有泪水流下。孙思邈乃修道之人,慈悲为怀,见老虎也落泪,心中不忍,就止步说道:"你要我为你治病亦可,但要保证今后决不伤害其他性命。"那猛虎趴伏在地,点头应许。于是,孙思邈就帮老虎将喉咙里的骨头取了出来。取出骨头后,老虎仍然伏地不动,原来猛虎在后悔自己吃掉孙思邈的毛驴。猛虎想报恩,愿意给孙思邈当坐骑。从此,老虎就与孙思邈相伴,成为药王的坐骑。这个故事说明,孙思邈医德高尚,德加异类,普救含灵,连老虎都被他感动。他慈悲救世,妙手回春,为世人所传颂。

道观的药王仙灯,蕴涵着药王高超

◎ 药王仙灯

的医学和高尚的医德,在人们心目中具有十分崇高的地位。信徒燃点药王仙灯,是对药王医学和医德的一种崇拜,更是对自身健康的一种追求。人们相信,只要虔诚礼拜药王尊神,点亮光明神灯,药王就会随身应化,保佑信徒健康长寿。

万年紫檀老君像

  俗话说：山不在高，有仙则名；水不在深，有龙则灵。在太清宫藏经楼最高处老君堂内，就有一位神龙，神龙的显现使道观名声大振。这里供奉着一尊万年紫檀木雕老君立像，正是被孔圣人誉为"神龙"的老子，道教的教祖。

  紫檀是举世公认的木中之王。紫檀木雕老君立像，供奉在太清宫最高处，总全宫之灵，为传世之宝。老君神像，慈祥雍容，皓发霜须，指点天地，沐化众生，似乎正向世人讲述着他的传奇故事。

万年紫檀　殊胜因缘

当历史的车轮驶向 21 世纪时，上海太清宫开始进入全面重新修复阶段。随着藏经楼的修复竣工，道观的当家人也开始思考着如何进一步提升古观的地位，那就是要为千年古观寻找镇观之宝。当初，道观设想在藏经楼供奉一尊玉雕老君像，但经多方打听寻找都未能如愿，也许是道观的影响不够，也许是机缘未到。虽然如此，道观求宝的决心并没有动摇，他们在加快道观修建的同时，仍然在继续寻找和等待。

俗话说，上天不负有心人。终于有一天，道观当家人在《新民晚报》上看到一则令人振奋的消息：屠杰大师向玉佛寺捐赠紫檀木雕"济困之公"。紫檀木雕也是国宝啊！于是，一个大胆的设想随之而来，大师能雕塑"济困之公"，那么是否也能雕塑一尊"老君像"呢？设想总归还是设想，要变成现实还有很多困难。首先最重要的是：怎样才能与大师取得联系？如何才能得到大师的关注？从道观方面来说，既想做成这件期盼已久的功德盛事，却又不能贸然去找大师，这样会有失礼貌。经慎重考虑后有人提出了一个很好的建议，那就是请

◎ 济困之公像

一位中间人先与大师取得联系,并提出希望拜望大师的想法。没想到大师十分爽快地答应了,还表示非常欢迎。于是,约定时间后,道观派人专程前往拜访,见面后双方交谈甚欢,十分融洽。当提出希望大师能帮助道观雕塑一尊紫檀老君像时,大师并没有马上表态,而是谈了他创作紫檀木雕的传奇经历。

屠杰大师出身于著名的雕刻世家,他的血管里奔腾着屠氏先祖的"紫檀基因"。据史料记载,明朝有一位屠诗雨先生,是"明朝一代妙技"者之一;清朝又有一位屠文卿先生,供职于宫廷"造办处",是"苏式"紫檀雕刻名家;清末民初,曾叔公屠敬书先生在上海老城厢开红木作坊,擅小件,尤精紫檀木雕,制作精工之极,雕刻精美绝伦,堪称一绝。遗传到屠杰大师这里,"紫檀基因"在锐意创新进取中,不断加强,渐成风格。屠杰大师说,他原本是搞玉雕的,后改行搞旅游,在一次开发旅游新线路的考察过程中,他彻底改变了人生道路,又重新回到了"紫檀木雕"。当他考察印度北方邦锡布达尔的千年古镇时,带他去祖屋古建筑参观的镇长用斧头劈开积满灰尘的木门,露出的劈面竟是诱人的暗红色,进门又见到一根根粗壮的楹柱,那是中国明朝曾经进口过的紫檀大料啊!难道真的还有这么完整的紫檀吗?望着积满灰尘、粗壮的楹柱,他激动难抑,拂去尘埃,用力擦拭,沉穆的光彩渐渐显现了出来。他站在那里,一遍遍抚摸着梁柱,感受着紫檀木的呼吸,倾听着来自远古年代的召唤。回来后,他经过三天三夜的思考,最后做出一个惊人的决定,改行"紫檀木雕"。第二年,在中印友协的帮助下,他重新奔赴印度深山古镇,以帮助新建古镇老屋为条件,倾囊买回一大批老屋拆迁留下的立柱横梁。然而,将这批横梁运回中国的路途遥远,惊险频频,最后在印方友好的帮助下运往泰国,又经泰国运往香港至浙江宁波,几经周转,费尽心血。这期间,泰国军方曾鼎力相助,最终这批横梁才得以运回上海。从此,大师又继续承传祖业,重新走上了"紫檀木雕"之路。

屠杰大师创作的第一件大型艺术精品是"千手观音"。这尊六米高的千手观音像,大师整整花了四年的时间构思、创作。回忆漫长的创作过程,

大师忘不了一段插曲：由于意想不到的东南亚金融危机，创作几度陷入困境。在资金匮乏的关键时期，日本前首相羽田孜的一封邀请函翩然而至，屠杰大师应邀赴日本举办个人艺术精品展。展出的200多件作品中，有7件被当地著名企业家收藏，换得一笔数目不小的宝贵资金。"千手观音"才得以绝处逢生，终于功德圆满。为了回报泰国人民，大师将其精心雕刻的"千手观音"捐赠给泰国。虔诚向佛的泰国民众，以迎接佛祖返乡的隆重礼节，把这尊紫檀佛像请入泰国诗丽吉皇后艺术中心。"千手观音"填补了泰国寺庙千手观音佛像的空白，在泰国引起了轰动。国王亲自跪拜迎接，僧王主持开观大典，历时三昼夜，数万名信徒到场朝拜，成为一时之盛典，影响波及东南亚乃至世界佛教界。国王普密蓬·阿杜德和皇后诗丽吉亲自授予这位中国艺术家"泰中友谊特别贡献"勋章和奖盾。此后，屠杰大师又开始了他的"中国智者孔子像"创作，向世界展示中华民族的伟大文明。这尊两米多高的孔子像在赴联合国大厦展出后，大师亲手将这传世精品赠送给联合国，使之永久傲立在联合国总部。这是一位艺术大师的杰作，大师赋予万年古木以生命和美，让中国传统的雕刻艺术焕发出青春的活力。

  道观的人为大师的远见卓识和无上功德而感动，更为大师的聪明智慧和精湛艺术而自豪，高山仰止，对大师的钦佩之心油然而生。大家好像已经感觉到大师的佳音，正沉浸在无限的沉思和遐想之时，屠杰大师欣然一笑，问同行的道观负责人丁常云道长："你属什么？"道长不假思索地回答："我属龙。"大师当时为什么要问道长属相，人们不得而知，也不好多问。直到两年后人们才知道，大师相信命，更相信缘，因为大师认为，道长属龙，命中带木，自然爱惜古木，这就是所谓的"缘"。这次拜望，虽然没有得到大师明确的答复，但却结下了深深的"缘"，正是因为有了这份缘，故事才有了良好的开端。

  道观约请大师安排时间来看看，并作进一步商谈。果然，大师是一位诚信之人，一周后，在一个特别晴朗的日子里，大师应邀来到道观。大师也是一位朴实、爽快之人，不作任何炫耀和张扬，言语不多，但直奔主题。在道长的陪同下，大师登上道观藏经楼最高处，实地察看供奉老君像的地

方,并观望了道观的地形、地貌。看着正在修复中的道观,大师突然向陪同的丁常云道长问道:"如果我要帮你们做老君像,你希望我怎么做?"道长回答了八个字,就是"继承传统,适当创新"。大师满意地点点头,并说"你的想法与我不谋而合",接着又说:"你把道观的十年规划说给我听听。"道长简明扼要地讲述了道观的总体规划和未来发展情况,大师听后十分高兴,当即明确表示:"这尊老君像我帮你们做了。"从此,千年古观太清宫与屠杰大师,与万年紫檀老君立像结下了殊胜因缘。

老君立像　缘结浦东

站在"老君立像"面前，仰视这位"历史老人"，我们会惊奇地发现紫檀雕刻艺术的精湛和中国传统文化的魅力。凝神注目中，仿佛时间隧道一下穿越了数千年，老君伴随着一团紫气飘忽东来，一手指天，一手指地，正向世人讲述着他那博大、厚重、凝练、朴实的人生哲理。

用万年紫檀雕塑老君立像，源于屠杰大师与道观的殊胜因缘，更源于大师的道教文化情怀，因为他深知道教是中国土生土长的宗教，老子又是人类精神的先知，中国百家之祖，是中国传统文化的杰出代表。当他想在中华民族的伟大复兴时代，以静态的艺术形式，寄予"弘扬民族文化、培育民族责任感、社会尊道贵德、国家进步昌盛"的精神时，他想到了老子。他说："继承、传播、弘扬中国传统文化，我觉得自己责无旁贷。"事实上，早在20世纪90年代初，大师就产生了要创作"三教"（儒、释、道）、"三公"（济公、关公、包公）以及其他民族英雄的想法。他说，创作老子立像，现在时机成熟了。这是一位大师的选择，更是一位艺术家的追求。为此，

◎ 万年紫檀老君立像

万年紫檀老君像

大师克服了常人难以想象的困难,积十年之精养,费四年之时间,寻万年之紫檀,成就中华文化旷世之笔,再次创造了人类社会文明的奇迹。

老子是道教的教祖,被尊奉为"太上老君"和"道德天尊"。老子也是道家创始人,是一位伟大的哲学家,他为我们留下了千古不朽的名著《道德经》。该经言简意赅,博大精深,以其深邃的智慧和富有诗韵的语言,探讨了宇宙、自然、治国和修身等一系列重要问题,提出了"道"、"自然"、"无为"等著名的哲学概念,给人以无穷的智慧和思想启迪。因此,有人说老子是永恒的。老子是一部历史,以其博大、厚重、凝练、朴实,带给现世的人们以深深的思索;老子是一座宝藏,蕴含着取之不尽用之不竭的哲学、文学、文字等多学科的思想资料;老子是一条大河,滔滔滚滚,奔流不息,滋润着中华民族千古文明的肥沃土壤,延续着炎黄子孙生生不息、开拓创新的文脉;老子是一簇圣火,熊熊燃烧,照耀五洲,发射着经久不息的智慧之光。李约瑟先生在《中国科技史》中明确指出:无论如何,儒家和道家至今仍构成中国思想的背景,中国人性格中有许多最吸引人的因素都来源于道家思想。他还说,中国如果没有道家思想,就会像是一棵深根已经烂掉的大树。屠杰大师认为,道家"天人合一"的美学思想,正是他艺术创作中的最高境界。

俗话说,黄金有价,紫檀无价。现今世界上,千年紫檀已基本绝迹。屠杰大师雕塑老君像,采用的则是直径1.5米、长3.2米的古木文物。在来上海之前,它矗立在印度偏僻地区的一座荒芜古庙里,沉睡长达600年。说起这段古木运来上海之途还有一段不寻常的经历,那是古木装上船之后,在布拉马普特拉河上所遇到的一场惊险。那天午后,天气突变,雷声震耳,狂风大作,暴雨骤降,午后的天色如同夜晚,船在风浪中激烈地摇晃,装在后甲板上的巨大木料虽经捆扎,钢索发出了近乎崩裂的巨响,一船人都惊恐万分,一片混乱。这时,大师双手紧紧抓住甲板上的一根横杆,口中默默念诵"太上老君保佑"、"福生无量天尊"。同时,他身旁的两位中印友协的朋友,似乎也在吟诵着经文,祈求着神灵的保佑。他们共同祈祷着,共同期待危难的消逝。也不知过了多长时间,雨停云开,危险过去了。大

◎ 雕塑中的老君立像

师说，现在我只要一想起这段经历，还是心有余悸，那次经历也使我与道教结缘，是太上老君保佑我和古木平安抵达上海。古木的经历更增添了它的传奇，也更增加了它的珍贵价值。经中国科学院鉴定，这产自世界上最珍稀的紫檀出产地——南亚的整段圆木，有万余年轮，即有着万年自然生命的历程，为19世纪以来首次发现，可以名列当今世界最珍贵的古木文物。令人欣慰的是，沉睡数百年的古木，自从遇到屠杰大师之后，就注定它要重新复活，赋予新的生命。这是艺术家的杰作，也是人类社会的功德之举。

珍贵的古木文物，有着不寻常的经历，它不远万里来到中国，实在是来之不易。为了不辜负这么珍贵的古木，为了表现老子思想的不朽，屠杰大师开始"搜尽奇峰打草稿"。老子长什么样？老子有怎样的气质？他先参考了唐代画家吴道子的老子画像，查阅了大量道教书籍，研究了老子诞生的时代和传奇经历，又专程上武当山、龙虎山等道教名山观摩写生，感悟传统艺术与道教艺术的血缘关系，以使老子立像蕴涵"道"的真义，使紫檀雕塑更有艺术张力。渐渐的，老子造像的艺术构思开始完整起来：老子不再是骑着青牛过函谷关的传统造型，而代之以稳健站立充满智慧的姿态。突出面部的细腻刻画，稍改以往老子像严肃有余慈爱不足的表情，相貌清癯、额头饱满、鼻梁高挺、双目微笑传神，长髯飘逸灵动，玄色长袍上的圆"寿"字醒目祥和。沉思"老君立像"，我们可以感悟到大师的构思是多元文化的融合，也是对中国传统文化的一种创新和发展。

　　雕塑老君立像,从设计构思到创作雕塑,前后历经近四年时间,大师倾注了大量的时间和心血。据说,在雕塑过程中,为了完成某个部位的雕刻,在灵感和艺术的驱动下,大师和工匠们整整三天三夜连续工作,有人站立的腿都肿了,待停下后,大家才感觉浑身像散了架似的,这种精神缘于一种对于艺术的追求。老君立像,经过构思、打磨、雕塑、油漆等数十道工序,仅油漆和抛光就达一百次,可谓是精雕细刻、精益求精。经过大师的精心雕塑,万年紫檀老君像栩栩如生地矗立在了中国紫檀文化研究院。

　　大师决定将老君像捐赠给上海太清宫,也是经过深思熟虑的。原因何在?首先,源于艺术家的文化情怀。大师曾这样说过:"古木的自然生命从它离土后便终结了,但是通过艺术的创作,它又复活了。艺术的价值要呈现在人类的文化生活之中,让人们随时瞻仰和欣赏。所以,我的作品无论价值多大,都要捐给社会。"大师选择上海浦东,就是想为上海的文化建设做点贡献。其次,源于大师的道教情结。事实上,大师早就有雕塑老君像的心愿,只是时机没有成熟而已。大师感悟到道教文化的博大精深,老子是道教教祖,也是世界公认的百位名人之一,其影响十分广泛而深远。再次,则是源于大师对道观的情感。自大师与道观结缘后,就明确表示要为道观雕塑一尊老君立像,供奉于老君堂内。在雕塑老君立像的过程中,大师又多次来到古老的上海太清宫进行实地考察,目睹了道观的修复与变化,通过与道长进行多次沟通交流,获悉道观的未来发展前景,不胜欣喜。以上多种因缘的组合,最终促成了大师的功德之举。

世博盛会　捐赠古观

　　2010年5月至10月，举世瞩目的"世界博览会"在上海隆重召开，全世界人民的眼光都聚焦中国，聚焦上海。按照国际惯例，世博会是由一个国家政府主办、多个国家或国际组织参加的国际性大型博览会，是世界上最高级别的展览活动。世博会是展示人类文明进步的大舞台，它展现了人类在各个领域的奋斗进程，启示人们思考未来，憧憬美好，向往人类和谐，企盼生活更美好。每一届世博会都融合了世界各国带来的新技术、新理念、新文化，让千百万参观者大开眼界，各种思想、理念、观点在这里交融碰撞，迸发出新的火花，从而激发新的学习、竞争和进步。本次世博会在中国上海举办，这是首次在发展中国家举办的世博盛会，因此更加令人振奋、

◎ 上海世界博览会

◎ 万年紫檀木雕老君像捐赠仪式

鼓舞和向往。上海世博会的主题是"城市,让生活更美好",这是历史上第一次以城市为主题的世博会。上海世博会期间,世界各国政府和人民紧紧围绕主题,充分展示城市文明成果,交流城市发展经验,传播先进城市理念,从而为新世纪人类的居住、生活和工作探索崭新的模式,为和谐生态社会的缔造和人类的可持续发展提供生动的例证。

　　世界博览会在上海举办,这是中国人民的骄傲,是上海人民的盛事。就在世博会倒计时一千天之时,地处上海黄浦江东岸的千年古观,也迎来了它有史以来的一件盛事。这天,观内彩旗飘扬,充满了节日的喜庆。著名的雕刻大师屠杰先生与夫人马桂珍女士共同捐赠的老君像,在庄严隆重的宗教仪式中迎请入观,供奉于道观藏经楼最高处老君堂内。这尊高2.7米、重逾3吨的紫檀老君像,注入了艺术家的创作情感,融入了中华五千年的文化内涵,必将载入中华文化史册,代代相传。

2007年8月5日，是一个值得纪念的日子，也是载入道教史册的日子。就在这一天，万年紫檀老君立像捐赠仪式及庆典活动隆重举行，社会各界人士和广大信徒代表近千人参加了这一盛典。上海市政协主席蒋以任，上海市委常委、统战部部长杨晓渡，上海市政协副主席俞云波，中国道教协会会长任法融，中国道教协会副会长张继禹、丁常云、赖保荣、张凤林，中国道教协会秘书长袁炳栋，上海市政协秘书长杨奇庆，上海市侨联主席杨玉环，上海市民宗委主任周富长，上海市政协民宗委主任马定华，上海市政府侨办主任崔明华，浦东新区政协主席林泉璋，浦东新区区委常委、统战部部长张静，浦东新区人大副主任陈德昌等领导应邀参加本次庆典活动。

捐赠仪式和庆典活动在道观内藏经楼广场举行，由浦东新区统战部副部长胡志国主持。屠杰先生及夫人马桂珍女士向太清宫捐赠"万年紫檀木雕老君像"，全国人大常委、中国道教协会副会长张继禹道长代表道教界

◎ 张继禹副会长代表道教界接受捐赠

接受捐赠。然后，屠杰先生和接受方太清宫管委会主任、浦东新区道教协会会长丁常云道长分别致辞。屠杰大师在发言中表示：在当今中华民族伟大复兴的大时代背景下，本人创作的意念是以静态的艺术形式，寄寓一种"弘扬民族文化、培育民族责任感、社会尊道贵德、国家进步昌盛"的民族精神。艺术的价值就在于让人人可以普遍、时刻地感受到，这正是本次捐赠的目的所在。同时希望这尊"老君立像"能带给人类社会一种尊道贵德的"美"，也希望其作为喜迎上海世博会、演绎"中华智慧"与"和谐世界"的系列活动之一。丁常云道长代表浦东新区道教协会及道观对屠杰先生的功德善举表示衷心的感谢，指出屠杰大师为雕塑这尊老君像付出了辛勤劳动，从构思到雕刻完成查阅了大量历史资料，在工艺上精益求精，最后呈现给世人一尊气势非凡、浑然飘逸、充满智慧、栩栩如生的老君神像，展示了中华民族的优秀文化。这尊珍贵的万年紫檀木雕老君像供奉于道观的老君堂内，这无论是对道教、道观，还是对信徒来说，都是一件幸事。紫檀木雕老君像是道观的，更是道教的。

中国道教协会会长任法融道长向屠杰大师颁发了荣誉证书，并发表了热情洋溢的讲话。中国道教协会副会长张凤林道长宣读了屠杰大师捐赠万年紫檀木雕老君像功德碑文。上海浦东新区领导代表新区政府向太清宫道观和广大信教群众表示祝贺，指出老子作为中国古代的哲学家和思想家，被道教尊为"道德天尊"，以其《道德经》闻名于世，其博大精深的思想文化内涵一直长久地影响着中国人的思想和行为，并融入人们的生活和思维方式之中。屠杰大师历时四年创作的万年紫檀木雕老君立像是一座集文化和艺术于一身的珍品，以静态的形式呈现出老子身上所包含的丰富的人文精神。浦东新区道教协会和太清宫道观应该以此为契机，以讲经弘道的形式，积极传播和弘扬中国优秀的道教文化。上海市侨联主席杨玉环女士在致辞中指出，屠杰先生捐赠紫檀木雕老君立像的善举体现了其作为一个爱国华侨的赤子之心，并且此次活动作为上海世博会倒计时一千天的系列活动之一，老君像所呈现的"天人合一"的思想与上海世博会"城市让生活

◎ 任法融会长向捐赠者颁发证书

更美好"的主题相符合。

　　从此,这尊全国乃至世界独一无二的紫檀木雕老君立像将供奉在千年古观"老君堂"内,这是一位艺术家的杰作,更是一位紫檀巨匠的无上功德,这是大师对中国道教的奉献,更是大师对中华传统文化的贡献。万年紫檀老君像能够供奉在古老的太清宫,这是道观的荣幸,更是广大道教徒的荣幸。屠杰大师的功德和善举,将会载入史册,传扬后世。

　　为更好地庆祝这次捐赠盛典,当晚还在上海东方艺术中心举行了"紫檀传韵"大型庆典音乐会。这是一场"简约、优美、经典"以及有着厚重中国传统文化元素的大型综艺音乐会,音乐会完全跳出当今中国民族音乐会的模式思维,以"情与景相结合、古典与现代相结合、民族性与世界性相结合"的形式,穿越时空,凸显几千年中华文明积淀的中国艺术的动感和美感。正如屠杰大师所说:在经过全新改编的音乐会里,我试图用我静态创作中所体现的"儒、释、道"中国文化内涵,提炼出"中国元素",以

"天人合一"文化演绎的形式，凸显"中华大智慧"。整个庆典音乐会取得圆满成功，既有弘扬中国传统文化的历史意义，又有颂赞世博盛会的现实意义。正像音乐会原创歌曲《东方吹来清凉风》中所唱到的：五千年的中国，书写出一种文明"和为贵"。五千年的中国，镌刻出一种道德"性本善"。天之道，地之道，人之道，清凉和煦的风啊，从东方吹向我们居住的每一个角落。城市，让生活更美好！

◎ 紫檀传韵庆典音乐会

紫檀雕刻　艺术瑰宝

紫檀雕刻是中国木雕艺术中一个重要的支脉，它品种繁多，造型各异，集工艺和美术于一体，在祖国传统工艺美术的群体中占有相当重要的地位。

紫檀是一种乔木，一般生长在热带和亚热带的原始森林中，生长缓慢，木质紧密，纹理细腻，色泽深沉。紫檀木主要产地为印度，此外还有缅甸、越南等国，我国广东、广西、台湾诸省也曾产有紫檀，但早已采伐殆尽，现在广东、广西、海南及云南已开始引种栽培。紫檀生长成材需八百年之久，黑檀之类的成材要上千年，在生长过程中，它们吸纳了日月之精华、天地之灵气，是中国古典家具和木雕工艺的最好用材。

紫檀木素有木中王者之称，生长缓慢，成材后质地坚硬，这是其珍贵原因之一。它的物理性能优良，内应力小，在恶劣条件下也极少变形，在硬木中属最重一类，其材质虽然十分坚硬，但在施工时却任匠师随意走刀，不阻不崩，这是因为其纤维极为细腻，相互胶合力强。可以说，中国木雕工艺最为细腻的雕工一定是施于紫檀之上，尤其是家具细部和小件紫檀作品，雕工穿枝过梗，最细者用"细若游丝"形容也不过分。

根据有关史料记载，我国自东汉后期已开始使用紫檀之类优质硬木制作礼器，是世界上认识和使用紫檀最早的国家。宋代时，除家具外，文房珍玩、木雕竹刻等多追求器形小巧，做工精致，欣赏性木器小件因之大兴，遣兴怡情之器简约到可以放置几案之上，亦有可把玩于手掌之中，其中不乏精美优秀的紫檀作品。宋代，随着航海事业的发展，海外优质硬木包括紫檀、黄花梨的进口，亦为当时紫檀家具的制作和紫檀雕刻艺术的发展打下了基础。元代，我国手工艺更臻完善，那时江南私家手工业作坊已呈现相当规模，紫檀雕刻技艺已有长足进步，特别在苏州地区更有众多艺人潜心于紫檀艺术的研究。明代，紫檀在我国大量使用，并使家具的制作技艺水平达到了历史的巅峰。由于当时紫檀木的大量使用，国内的紫檀树木基本采伐殆尽，朝廷便派官吏到南洋诸岛征办，远征的船队将紫檀木源源不断地运到国内，直到明朝行将灭亡之时，外征的紫檀木汇集到中国，分别储存于广州和北京。过度的采伐和使用，竟使紫檀木来源枯竭，从而使紫檀木成了世界上的珍稀木材，其身价也随之陡增。清朝建立后，直至雍正年间，紫檀家具的制作，开始形成规模。鼎盛时期为乾隆年间，乾隆皇帝特别喜欢陈设，能工巧匠殚精竭虑，历时数十载，制造出数量可观、在历史上占有特殊地位的"贡做"紫檀家具及紫檀雕刻摆件，其中流传至今的已成为稀世珍宝。

紫檀雕刻，工艺精湛，风格独特。明代的家具品种齐全、造型丰富、艺术风格清新，其设计、制作和材质的使用都达到我国历史的高峰，是艺术与实用相结合的典范，是木雕家具的精华。当时的紫檀雕刻艺术呈现出简约、委婉、明快的清新风格，主要特点是：精致、圆润、制作精细。明代家具点缀性纹饰居多，尤其在紫檀或黄花梨家具上的纹饰表现，可谓到了极致的地步。清代的紫檀雕刻在明代的基础上得到发展，无论是紫檀雕刻作品还是紫檀家具的雕饰，形成了明显的清式风格。由于工匠师勤奋学习、模仿，所制作的紫檀显得古朴高雅。也由于当时南北风格的交流，宫廷与民间技艺的融合，紫檀工艺制作技巧达到了历史的顶峰，各种纹饰更为丰富多彩。

紫檀木质情趣凝重，华丽而内敛。古代的匠人，经历代研琢，制造出的严谨精细、风格独具的紫檀家具与紫檀艺术品，是中国传统木器文物的瑰宝。如今，在故宫和承德的避暑山庄内还可以欣赏到众多雕刻精致的紫檀木床、柜、桌、几等精致家具及艺术摆设品，它们都是紫檀雕刻的精品，具有极高的艺术价值。

紫檀雕刻在艺术造型上，以单人圆雕见长，根据需要可辅以深浮雕、透雕等各种技法，其工艺技巧在自身发展过程中不断加以丰富。它在自己所用的紫檀木料基础上，继承了传统技艺，并受中国传统艺术的深刻影响，

从青铜器、绘画、建筑以及其他工艺上得到有益的启示。紫檀雕刻技艺讲究"方中寓圆，圆中寓方，奇中寓止，正中寓奇"，古今之艺术造型皆同此理。工艺中的方圆各有其长，无论一石一木，或庭院、屋宇、舟车，或摆设、文玩、用具等，皆方中见圆、圆中寓方，既有丰富的感情，又挺拔有力。有方有圆才有骨有肉，中国书法的结构、用笔就是如此追求的。从整体艺术效果来说，这是求得艺术上的变化统一，也是对紫檀雕刻工艺的要求。

紫檀木雕老君立像，就是采用传统的"圆雕"工艺。它取材于万年紫檀圆木，是一种立体的雕刻形式，以四面浑然一体的手法表现雕刻内容，其雕刻技艺和雕刻形式都达到了新的水平。从正面看，老子两手分别指向天、地，似乎在向世人讲述天地之大道；从侧面看，老子又如一位和蔼可亲的老人，在讲述一个引人入胜的故事。雕像所表现的人物形象简洁清晰，

◎ 紫檀木雕——世纪龙舟

起伏灵动。长长道袍的飘动外张与双足的坚定踏实，彰显老君立像稳健有力，强化了整体性，增强了视觉效果，使表面质感更为真实。另外，老君立像在雕刻细节方面也体现出一丝不苟、形象生动的艺术特点，服饰清晰，衣褶顺畅，手臂上的经脉、手指和骨节等都刻画得十分逼真。老君造像整体造型完美，雕刻艺术自然，充分展现了紫檀木质的自然美，给人以庄重、文静、柔和、素雅的感受，体现出"木趣悦其真，造化有奇文"的特点。这样，就使一位思想深邃、生活质朴的老子呼之欲出。高超的雕刻艺术和逼真的传奇神态，进一步张扬了老子身上所包含的丰富的人文精神和深厚的历史积淀，产生出强烈的"发于衷而溢于外"的艺术效果。

老君立像，飘然若仙，栩栩如生，是艺术与神意的浑然天成，是中国传统文化艺术的瑰宝，体现了当代紫檀雕刻艺术的最高境界。

古观盛世再辉煌

　　欣逢盛世，国运昌隆，古老的太清宫焕发出勃勃生机，千年道观又迎来了美好的春天。十一届三中全会后不久，经上海市人民政府办公厅批复同意，太清宫作为上海第一所道观修复开放。20世纪90年代，太清宫修复初具规模，成为浦东地区广大信教群众的精神家园。进入21世纪后，道观又开始进行全面重修，历时十年，修复竣工。

　　今日之太清宫，神像庄严，殿宇辉煌。门楼、东岳殿、三清殿与藏经楼，三院三进，气势宏伟；左右偏殿、上下楼厅、斋堂库房，林林总总，错落有致。展示着道观建筑的气势与宏伟，讲述着古观再现辉煌的历程。

修复开放　焕发生机

　　中共中央十一届三中全会的胜利召开,是新中国建立以来中国共产党历史上具有深远意义的伟大转折。特别是1982年,中共中央书记处发布了题为《关于我国社会主义时期宗教问题的基本观点和基本政策》的重要文件后,我国宗教信仰自由政策得到重新贯彻落实,上海道教也由此得到恢复和发展。于是,地处浦东的上海太清宫率先恢复开放,成为上海道教恢复开放最早的一所道观。

　　要说太清宫的重新恢复,我们先来了解一下新中国成立前的道教情况。

　　明清以后,中国道教日趋衰微。1842年,鸦片战争又使中国社会迅速沦为半封建、半殖民地社会,国家政治经济、意识形态和民众生活都发生了急剧变化。道教作为中国社会的一种宗教文化和社会实体,也受到了很

◎ 20世纪90年代的太清宫

大的冲击。从鸦片战争至1949年新中国成立的一百余年间，道教一直处于衰微之中，许多名山宫观由于战火频繁、民不聊生而缺乏经济来源，道士离散，殿堂倾圮，因此大多名存实亡。而作为大城市中的上海道教也出现了畸形发展，一方面国外帝国主义势力在控制了中国社会政治和经济的同时，也企图影响道教和控制道教；另一方面随着上海经济的迅速发展，各地道士纷纷来沪谋生。1912年6月，英、美传教士李提摩太、李佳白和梅殿华等人倡议在沪成立世界宗教会，持大同主义联合各教为一大团，并提出"各教精义大致相同，明达之士颇拟联合各教融而为一"。在当时社会条件下，李提摩太"融而为一"的建议，只能是企图控制道教，最终吃掉道教，为其控制中国人民的宗教生活而服务。1928年至1929年，当时的国民政府又连续颁布了"神祀存废标准"和《寺庙管理条令》，各地进行的打倒"迷信"活动，破坏了相当数量的庙观和神像，使本已在衰落中的道教更是雪上加霜。

在帝国主义势力的影响下，中国传统的经济形态发生了变化，商品经济及价值规律渗进了道教的机体，道教的宫观也逐渐沦为"商店"。上海城隍庙原来是由道士自管的正一派道观，1926年，黄金荣等人见有利可图，就插手组织"邑庙董事会"，控制城隍庙的经济，此后又以各种方式把各殿分包经营，使城隍庙成了庙不像庙、商店不像商店的状况。1927年，国民政府驱逐天后宫道士，捣毁神像。1930年，国民党第五区党部数十人捣毁重新修复准备开放的钦赐仰殿道观（即上海太清宫），1932年，钦赐仰殿各殿被招入投标。其他一些幸存的道观也受到经济的影响，被迫改变了原有的宗教面貌。

1949年后，在国家宗教信仰自由政策的感召下，广大道教徒自觉走上了热爱社会主义祖国、拥护中国共产党的道路。1957年3月，上海市道教协会筹委会成立，是为上海道教界联合的爱国组织。1961年中国道教协会第二届代表会议之后，上海道协筹委会根据会议精神，加强对上海道教教务工作的管理，使道教的宗教活动逐渐正常化，基本改变了过去上海道教的散乱状态。同时，上海道协筹委会对广大道教徒进行爱国主义教育，使

他们认识到，我们的道教是在祖国这片土地上创立起来的宗教，有着中华民族自己的特色，如果没有这样一个祖国，也就不会有我们这样的道教。"皮之不存，毛将焉附？"道观内部开始改变过去的封建制度，提倡民主管理，改变了道教队伍内部不平等现象，去除了一些与社会主义社会不相适应的活动内容，恢复了道教作为宗教信仰的纯洁面貌，宫观管理也逐步走上正常化。

"文化大革命"期间，道教工作受到很大影响。但是，1978年12月18日中国共产党十一届三中全会在北京隆重召开，改革开放的喜讯传遍了祖国神州大地，全国人民无不欢欣鼓舞。十一届三中全会，标志着新中国历史的伟大转折，开辟了改革开放和集中力量进行社会主义现代化建设的历史新时期，中国人民看到了希望。改革开放的春风也吹进了宗教界，吹来了宗教信仰自由政策的贯彻落实。中共中央在1982年3月31日发表了《关于我国社会主义时期宗教问题的基本观点和基本政策》的19号文件，全面阐述了党的宗教政策，总结了新中国成立以来宗教工作正反两方面的经验，进一步强调了宗教信仰自由政策，重申了公民有信仰宗教的权利，上海道教由此得到了恢复和发展。

1981年，上海市道教协会筹委会恢复活动，并开始逐步收回庙产，开放道观。1983年5月3日，上海市人民政府办公厅向市宗教局批复《关于市人民政府同意恢复川沙县"钦赐仰殿"（即太清宫）道观的通知》，通知称："沪宗钦字（83）第21号文悉。关于恢复川沙县钦赐仰殿道观的请示，已经市人民政府同意，特此通知。"于是，上海太清宫归还道教，成为十一届三中全会以后上海道教恢复开放最早的一所道观。为了尽快满足广大信教群众过好正常宗教生活的需要，道观在市道协（筹）的领导下，成立了以张文希道长为组长的修复领导小组，具体负责全面修复工作。根据当时比较困难的经济条件，修复小组采用"边修复、边开放"的形式，在修复中开放，在开放中修复。由于浦东地区有着临海的独特地理位置，具有十分浓厚的宗教信仰土壤，这里孕育了众多的道教信徒。于是，上海太清宫的修复开放，吸引了许多信徒前来拈香礼拜。

◎ 恢复开放时信众敬香礼拜

但是,"文化大革命"的破坏使这座千年古观几乎全部被毁,仅存的东岳大殿也成了危房,一幅破烂不堪的景象呈现在人们的眼前。修复开放,白手起家,谈何容易,一无经费,二无专业人员,更无现成的经验可以借鉴。但是,诸多老道长还是信心十足,毕竟这是上海道教恢复开放的第一所道观。他们就凭着一颗虔诚的爱教之心,全身心地投入到艰苦的修复工作中。在时任上海市道教协会筹委会秘书长陈莲笙道长的亲自关心下,修复小组组织召开了多次座谈会,请来有关专家、学者,广泛听取意见,然后制定有关修复方案。据陈耀庭教授回忆,他也应邀参加了前期修复工作座谈会,由于当时宗教政策尚未完全清晰明朗,加上"文革"灾难性影响的阴影,多数人还是心有余悸,因此,道观修复工作座谈会几乎是处于半秘密状态之中。

道观自1983年开始修葺,1987年11月第一期工程竣工,基本修复了东岳殿、门楼、配殿及厢房等。其中,门楼为1984年修复;东岳殿为1985

◎ 20世纪80年代的东岳殿

年修复，该殿是道观唯一保存下来的古建筑，由于年久失修，也几乎成了危房。1986年至1987年基本修复了东、西两边厢房。1987年11月，道观又开始翻建东岳殿后右厢房和食堂，1989年翻修东岳殿后左厢房，楼上为办公用房和生活设施，楼下为接待室。两边厢房初具规模后，道观住持张文希道长又在思考修复三清殿一事，以使太清宫成为一座符合道教传统的著名道观。历史上的太清宫曾是清末申江胜景之一，原规模宏大，建有山门、大殿（东岳殿）、正殿（三清殿）及附房二十余间，占地二十二亩之多。其布局为：殿南正面是山门，两旁各有边门，步入山门是一宽大的庭心，再进去是供奉东岳大帝的大殿，大殿两侧供奉十殿阎王及其下属十八判官。正殿为三清殿，主供太上老君、元始天尊、灵宝天尊。据说，山门曾延伸至今张杨路前，现存源深体育中心旁的古银杏树疑为当年道观所植。新中国成立后，道观主殿供奉东岳大帝，正殿分为上下两层，底层供奉四御及太乙、雷祖，顶层供奉"三清"。因为三清殿东西走向共九间，故又称

◎ 20世纪90年代的三清殿

为"九间楼",其在"文革"中被拆毁,原址仅有砖头瓦砾。1988年,道观就开始筹建三清殿,经过努力于1990年6月正式破土动工,经过一年时间的修建,于1991年6月间竣工。但由于设计、施工等因素,三清殿未能达到原先的设想效果,在外观结构上有诸多不足之处,和传统的道观建筑显得不太协调。但是,不管怎样说,三清殿的建成,也是道观修复工作所取得的又一重要成果。至此,道观的修复工作基本完成,古老的太清宫也重新焕发出勃勃生机。

全面重修　再现辉煌

上海太清宫地处浦东新区陆家嘴街道，道观进入全面重修，纯属是一种机缘，更是一种责任。为什么这样说？这主要是因为浦东的开发开放对道观发展提出新的要求，也是道观适应浦东社会发展的需要。可以说，道观的发展是浦东开发开放的见证，也正是由于浦东的开发开放，才有道观的全面重修。

1990年4月18日，中央政府宣布开发开放上海浦东，提出以浦东开发开放为龙头，进一步开放长江沿岸城市，尽快把上海建成经济、金融、贸易中心之一，带动长江三角洲和整个长江流域的新飞跃。就在这一天，上海浦东的开发开放拉开了真正的帷幕，上海城市发展史上最具有历

◎ 太清宫山门（侧面）

史意义的一天终于来到了！曾记得当时李鹏总理在浦东一次重要会议上庄严宣布："中共中央、国务院同意上海市加快浦东地区的开发，在浦东实行经济技术开发区和某些经济特区的政策。"他那持重而庄严的声音让整个会场都沸腾起来了。是啊！浦东人民、上海人民等待这句话已经很久了。从1843年上海开埠到1949年的上海解放，从20世纪50年代大跃进到六七十年代的"文革"，接下来是80年代深圳和广东全省的开放，远东名城上海沉默了，但在沉默中积蓄着力量，无数的幻想和希望在人们的心里酝酿，无数的关于实际的计划在人们脑海中萌生。面对着上海的未来发展，生活在上海的仁人志士殚精竭虑，开始为美丽的上海寻找着出路。1980年2月，有人向上海市政府提出要在浦东建立新城区的设想，后又以论文的形式刊登在上海《社会科学》杂志上，这是上海民间首次关于浦东发展的知识性论文，代表着人民大众对于可爱上海、美丽浦东的关心。与此同时，上海九三学社也有人联名撰文《上海的曼哈顿在哪里？》，提出了建设浦东的设想。1986年7月，上海城市规划院也提出了"上海的新外滩——陆家嘴开发构想"。上海的希望在哪里？终于在进入1990年代之时，中央的英明决策给上海浦东带来了光明，诸多设想与构思终于可以成为现实了。从此，上海乃至全国全世界人们的眼光都投向了浦东，浦东也开始成为中国改革开放的热土，成为长三角地区改革开放的龙头。

  浦东开发之初，最先制定了一套策略，那就是：先做好基础设施框架，把道路、能源、通讯、上下水这一套搞好。只有做好了基础设施建设，开发的浦东才有了开放的基础，基础设施建设对于浦东的开发是一件具有重要战略意义的大事。就在浦东道路规划实施过程中，地处浦东源深路的太清宫遇到了问题，由于源深路需要拉直并拓宽，正好涉及原三清殿的东厢房部分建筑。为了支持浦东开发建设的大局，道观经过多次民主会议讨论，并做通了部分道教信徒代表的思想工作，做出拆除东厢房部分建筑的决定。源深路拉直与拓宽后，已经无法保持与道观中轴线的平行，远望道观即见整体建筑直冲马路，形成大约三十度的斜角，这就给道观的整体效果带来

了极大影响。与此同时,道观修建藏经楼、仙居楼的工作,也被提上了议事日程,经过多次研究讨论,最终决定藏经楼、仙居楼的修建只能以源深路为平行线。于是,道观开始了全面重修的第一期工程,着手建造藏经楼和仙居楼。

上海太清宫的全面重修工作始于2000年3月,以藏经楼和仙居楼的修建为标志。经过一年多时间的修建,一座典型的明清风格的古典建筑拔地而起,屹立于道观的最深处,成为道观新的亮点。但是,随着藏经楼和仙居楼的修复竣工,道观的原建筑已不在中轴线上了,且结构也与藏经楼、仙居楼形成了很大差异,一边是明清风格的古典建筑,一边(原建筑)则是破旧、简陋的建筑群,加上道观周边环境的变化,原道观建筑已经明显落后了。于是,道观的整体规划被提上了议事日程,千年古观又一次面临新的抉择。对此,有人提出保持原状,稍加修复,可以保持道观恢复时的原貌;有人提出整体全面改建,保持中轴线平行及两边建筑对称,符合中国传统建筑的格局;也有人提出曲径通幽之法,即将中间隔断形成两大区域,在内看两大区域各有中轴线,在外看有两个中轴线,各有特色。作为浦东地区最有影响的一座道观,其总体定位问题,争议很多,说法不一,最后

◎ 重修前的道观鸟瞰图

道观管理组织广泛听取意见,经过多次研究,反复讨论,统一思想,达成共识,决定采取整体全面改建之法,保持中轴线总体平行,以符合中国传统建筑的格局。其时,适逢中国道教协会任法融会长来观指导工作,道观负责人将此设想做了汇报,并说明如此规划将略偏子午线,不知是否影响风水。任会长经仔细察看后,肯定地说:这样略偏一点"基本没有问题",而且还可以避开前面的高楼,是目前比较理想的修复方案。任会长是当代风水布局大师级人物,他一锤定音,对道观的整体修复方案给予了充分肯定。

上海太清宫的整体规划与改建,严格按照道教传统进行。历史的画卷,岁月的年轮,伴随着浦东开发开放的脚步,历经十年的艰辛与努力,仰赖十方善信的关心与支持,道观进行了全面改建。改造后的道观,总体分为"二殿三楼"和三大部分。所谓"二殿三楼"是指:东岳殿、三清殿和门楼、藏经楼、仙居楼。所谓"三大部分"是指:东岳信仰部分、道教传统神信仰及地方神信仰部分、道教文化部分。其中,门楼两边分别为钟楼、鼓楼。从此,千年古观又掀开了它新的一页,成为上海地区一所重要的道教活动场所,成为浦东新区一处重要的道教旅游景点,成为广大道教信徒心目中的祈福圣地。

当你经过源深路时,会

◎ 重修后的道观鸟瞰图

◎ 东岳大殿

被道观围墙上"千年古观,祈福圣地"八个大字所吸引,有时会情不自禁地步入道观。当你进入太清宫山门时,首先看到一座古老的建筑,这就是东岳大殿,殿名为钦赐仰殿,据考证是明代建筑。东岳殿及其东西两边厢房,属道观东岳信仰部分。东岳殿在原基础上升高并拨正,以更好地符合道观的整体布局。太清宫原为钦赐仰殿,古称东岳行宫,东岳大帝为道观的主供神。同时,东岳大帝又是主管人间赏罚和生死大事的泰山神,执掌十殿阎君、七十六司。根据这一传统,道观东岳殿主供东岳大帝、碧霞元君、炳灵公(东岳太子),殿前东西两边厢房为上下两层带走廊式古建筑,前半部分底层为十王殿,供奉十殿阎君,后半部分底层为地司殿,供奉十六司,掌管人世间一切事务,是东岳神系下的工作机构。

东岳殿后面是道观第二进庭院,为三清殿及其东西两边厢房,属道教传统神信仰及地方神信仰部分。三清大殿为单层仿古重檐全木结构,高20米,殿堂宏伟高大,供奉道教最高神"三清",神像高大威严、栩栩如生。东西厢房分别为:三官殿、财神殿、慈航殿、文昌殿、药王殿、祖师殿、真武殿、关帝殿、吕祖殿、城隍殿、鲁班殿、救苦殿、龙王殿、

天妃殿、相公殿。主要供奉：三官大帝、祖天师、重阳祖师、财神赵公元帅、关圣帝君、玄天上帝、慈航道人、保幼娘娘、送子娘娘、眼光圣母、吕祖仙师、文昌帝君、鲁班仙师、太乙救苦天尊、天妃圣母以及地方神等。其中最有地方特色的是"相公殿"，分别供奉施相公、杨相公、金相公，其为上海地区最具代表性的地方神。以三清殿为中心的道观建筑，是道观供奉神灵最多的地方，集中体现了道教神仙信仰的广泛性和多元性。

三清殿后面是道观第三进庭院，也是道观最深处，举头仰望藏经楼，你会有种"采菊东篱下，悠然见南山"的感觉。藏经楼是道观的最高建筑，是典型的明清仿古建筑，登上藏经楼可以俯瞰道观全貌。藏经楼和仙居楼，属道教文化部分。藏经楼共有四层（含中间夹层），底层供奉玉皇大帝兼作经堂，二楼夹层为道教图书馆，主要展示近现代道教经典、著作和道教文化书籍等，面向社会和信徒开放。三楼为藏经阁，供奉道教重要经典，展示历代道教重要文献和文物。四楼为老君堂，供奉道观镇观之宝——万年

◎ 三清大殿

◎ 藏经楼、仙居楼

紫檀木雕老君像。藏经楼东面为道教文化碑廊，雕刻道教字画和神仙画像等，集中展示道教碑刻文化。仙居楼主要用于食堂、办公、接待、丹房，并有道教素斋、养生馆等。其中，三楼接待室内藏有当代著名画家戴敦邦先生的大型壁画，具有极高的文化和艺术价值。

建筑结构　巧夺天工

中国是世界公认的文明古国之一。古代中国建筑与古埃及建筑、古西亚建筑、古印度建筑、古爱琴海沿岸建筑和古美洲建筑一起，被史学界公认为世界六支原生态建筑体系，是人类文明不可或缺的重要组成部分。中国传统建筑一个鲜明的特征便是砖、木、石三雕与建筑的巧妙融合，形成了一种技艺高超、气韵生动、自成一体的建筑装饰风格。砖雕是泥巴与火和人工雕刻的完美结合；石雕是对坚硬石块的切磋琢磨，刻出优美画面；木雕则是采用自然界中的木材直接雕刻，利用木材的适中硬度、优美纹理，创造出一个有机的充满生命的世界。

◎ 屋脊装饰艺术

◎ 东岳殿独特的建筑风格

　　古老太清宫的建筑风格既保持了中国传统的古建筑特点，又与时俱进地有所创新。道观建筑结构，特别注重砖、木、石三雕与道教文化的有机结合，形成了具有道教文化特色的宫观建筑。道观的建筑结构集中体现了明清时期古建筑的特点，并在传统建筑的基础上有所创新和发展。道观最具代表性的建筑是东岳殿，该殿为道观唯一的古建筑，其建筑风格独特，建筑工艺精湛，整体移建后基本保持原貌。三清殿、藏经楼和仙居楼皆为明清建筑风格，基本保持传统古建筑风貌。还有建筑雕刻中的木雕和石雕，都是道观雕刻艺术中的精品。

　　东岳殿是道观的文物古迹，属于区级文物保护建筑。据考证，东岳殿为宋代建筑。从整体构造看，建筑的立面比较扁长，尤其是明间，宽高比为1.16∶1，似乎不是明清建筑的特点，而是早期建筑的特色，符合宋代《营造法式》中讲到的"柱高不越间之广"的规定。并且柱子的侧脚明显，这些也符合唐宋时期建筑的特征。但是，从殿内梁柱石墩来看，该建筑又比较符合明代建筑特点。除了通常的木柱子外，该建筑还在沿外墙一圈位置用了10根金山石柱，柱子没有经过细加工，柱上有和木结构联系用的榫头。金山石的使用属于清朝，推测是后来维修时更换上去的。可见，该建筑经历了多次维修，所以很多历史痕迹被隐去或被改变，历史原状并不完整。

东岳殿整体建筑完好，建筑结构独特。殿堂主体为三开间，进深六步架，建筑面积160平方米，采

◎ 老君堂藻井

用传统立贴式结构，在南侧中间另突出三小开间抱厦作为入口小厅，其屋架采用一大二小鹤颈轩廊形式；整体上结构简单，做工比较精细，木料采用杉木，枋间做垫板，置一斗三升或一斗六升拱，斗拱上还置蝴蝶木和官翅木，垫板和枋面上做有大面积的雕花；门采用宫室做法，窗为龟纹式。

◎ 道观壁画

◎ 山门前的石狮

从整体建筑结构看，东岳殿是典型的上海地方官式做法，所以在官式的外貌下又带有地方传统建筑的特征，如梁架形式与地方居民如出一辙。大殿平面呈"凸"字形，包括前后两殿，前殿为卷棚顶，后殿为硬山顶，全殿主要靠21根长约4米、厚0.3米见方的花岗岩石柱支撑。最让人叹为观止的是，后殿东西展开的两间，使用垂莲柱和斗拱叠架挑檐的方式，巧妙地把承载屋面的重量转移到东西两堵墙和中间的支柱上，既减少了柱子，又增加了大殿的空间，充分体现了建筑设计师和工匠们的聪明才智。

在建筑风格和雕刻艺术上，东岳大殿可谓是别具一格，是宗教文化与艺术的完美结合。特别是殿内四根立柱令人称奇，前面两根为花岗岩方柱，立在方形石础上；后面对称的两根则为木制圆柱，立在圆形石础上。圆和方的对称，寓意古人天圆地方的宇宙观。大殿屋顶为双屋脊，呈现出前低后高的建筑格局。屋脊上四条苍龙卷尾衔脊相对，正面四条飞脊上塑吻兽、人物，高低错落，犹如展翅的凤凰。大殿门、窗、梁、柱上的雕刻引人注目，大殿正面门上檐下有一排透光透气的望板，上面雕着展翅飞翔的蝙蝠，"蝠"的谐音是"福"，故民间以蝙蝠象征幸福、福气。这些蝙蝠有一个共同的特点，都向下倒垂着飞舞，寓意为"福到"。在正门上方望板和殿内相对的梁上正好排列五只倒垂的蝙蝠，象征"五福临门"。大殿带有窗格的木门上，刻有昂首跳跃的梅花鹿、展翅飞翔的仙鹤、回首飞舞的凤凰、插满四季花的花瓶等浮雕。"鹿"与"禄"谐音，象征"财富"，仙鹤象征"长寿"，凤凰象征"吉祥"、"喜

◎ 石雕松鹤延年图

气"；四季花象征四季幸福美好，花瓶象征"平安"，寓意四季康泰，平安如意。这些木雕惟妙惟肖、栩栩如生，充分体现了道教宫观古建筑中的雕刻艺术和文化内涵。

　　在道观现代建筑雕刻艺术中，藏经楼最高处的老君堂可谓是别具一格。老君堂内除供奉万年紫檀木雕老君像之外，其木雕图案也是随处可见，雕刻工艺亦多为精品之作。老君堂屋顶上的"藻井"，是用三百六十五条龙雕刻组合而成，中间雕刻倒悬盘龙，具有极高的艺术价值。所谓"藻"，指水中之物，具有压火灾之用，故最初的藻井有避火之意。藻井，历史上又被称为"龙井"、"绮井"、"方井"、"圜井"等，自汉代开始出现，多见于宫殿、祭坛、寺观等建筑中"穹窿如伞"的顶部装饰。老君堂的屋梁上分别刻有"二十四孝图"，全部采用油木雕刻而成，作品内容分别为：孝感动天，鹿乳奉亲，戏彩娱亲，乳姑不怠，卧冰求鲤，恣蚊饱血，弃官寻母，啮指心痛，尝粪忧心，仲由负米，文帝尝药，闻雷泣墓，哭竹生笋，怀橘遗亲，卖身葬父，为母埋儿，拾椹养亲，扼虎救父，行佣供母，涌泉跃鲤，刻木事亲，亲涤溺器，黄香扇枕，单衣救母。雕刻图案皆取材于中国民间的"孝行"传说，每幅作品都表现了一个故事，二十四个主人公非比

◎ 盘龙石雕

寻常的孝举将中国古代对"孝"的理解演绎得惊天地、泣鬼神，展示了人们在那个时代的伦理道德，对现代社会仍然具有重要的启示作用。其木雕作品人物刻画和场景表现都很逼真，是不可多得的木雕艺术珍品。还有室内栏杆上的"暗八仙"图案，也是线条清晰自然，雕刻精细，美观大方。中间横梁下的"双龙戏珠"木雕，更是构思严密，刻画生动，形态各异，似有双龙腾飞之势，是不可多得的精雕之作。特别值得一提的还有老君像背后的木刻《道德经》，该刻文依据宋代大书法家赵孟頫手书《道德经》为蓝本，全部采用油木精心雕刻而成，虽然为临摹作品，但无论是字的结构、笔画和笔锋，都刚劲有力、浑然天成，是为文字雕刻精品。

在建筑艺术中，除木雕之外，道观的石雕也是随处可见。山门前的一对石狮子，采用花岗岩石仿故宫石狮雕刻而成，神态逼真，威严肃穆，宛如门前的守卫神，注视着芸芸众生的善恶之行。山门墙壁上的《松鹤延寿图》，寓意健康长寿，是道教追求长生的思想显现。王灵官神台四周雕刻的青龙、白虎、朱雀、玄武，在中国古代风水说中被称为"四灵兽"，所谓"前朱雀、后玄武、左青龙、右白虎"，成为后世道教的护卫神。东岳殿台阶两侧的石狮为宋代文物，虽历经沧桑，依然栩栩如生。三清殿的石雕较为集中，也是最有艺术价值的。三清殿门前台阶中间用青石深度雕刻的"五龙石"，刚劲有力，形象逼真，栩栩如生。"五龙石"与三清神台上的"九龙壁"遥相呼应，寓意"三清"神乃"九五之尊"，是道教至高无上

的尊神。两边墙壁上的"盘龙"石雕,姿态盘屈而交结,雕刻细腻而精致,可谓是道观建筑中石雕艺术的精品。当然,道观建筑装饰中还有许多石雕工艺,都是现代石雕艺术的重要作品,是道教文化与艺术的集中展示,也是中国传统文化和雕刻艺术的瑰宝。

◎ 五龙石雕

如果你有兴趣,可以来道观寻找、欣赏和研究,那你一定会有更多的发现,也会有更多的收获。

神像雕塑　栩栩如生

经过全面改建后的太清宫，可谓是建筑宏伟、气势非凡，已经成为浦东新区一处重要的宗教景点，成为广大信徒心目中的圣地。每逢初一、十五及香汛时，观内常常是十分拥挤，数以千计的信徒，络绎不绝的信众，恭敬地跪拜与祈祷，虔诚地敬香与礼神。在这里，所有的话都可以对神灵说，所有的想法都可以祷告于神灵，所有的心愿都可以祈求于神灵。在这里，人的本性可以得到最好的回归，人的精神可以得到最好的放松，人的信仰可以得到最好的满足。这就是道教神仙的力量，也是道教信仰的力量。

仰望殿堂内栩栩如生的道教神像，不禁使人想起道教的造像历史。据史载，早期道教本不供奉神像，仅有神位或壁画，这是因为"道"尊贵无比，神秘莫测，无固定形状。如此虽然尊贵神秘，但却不利信徒顶礼膜拜。大概是考虑到信徒朝拜的方便，或者是增添殿堂的神圣威严，或者是举行斋醮科仪的需要，大约到了北魏太武帝时，道教开始出现造像。早期道教造像，以石刻像为主，保存至今的魏晋至隋唐的早期道教造像就有数十尊。此时道教造像在技巧和风格上都受到佛教造像的很大影响，如神像后背有舟形背光、双手合十等。早期道教造像人物均着肥大道袍，为秀骨清像，用深直平梯式衣纹，线条匀称细密而凸起。唐代以后，道教得到很大发展，造像活动也逐渐兴盛，根据其信仰宗旨和美学思想，道教造像也形成了自己独特的制作模式、规模和艺术风格。历史上对于造像技术要求很严，根据神的地位、作用不同，其形象、制作要求也不同。造像用材，一般以木雕、石雕和泥塑为多。清代时期，脱胎漆雕技术开始用于造像工艺，使神像雕塑更为细腻逼真。道教不仅把神像作为奉祀对象，而且把造像的全部过程与其信仰结合在一起，如雕塑木雕像时，在选好木料后要择良辰吉日举行开斧仪式，需焚香、诵经，还有装脏、开光等仪式。道教造像除继承我国传统的艺术风格外，还具有自己独特的艺术风格，既庄严肃穆，又亲切和善，其形象也是神奇玄妙、多姿多彩。

上海太清宫各殿堂所供奉神像，皆为整体改建后重新雕塑，造像全部采用传统脱胎工艺雕塑而成。所谓脱胎法，采用生产漆器的方法，先做泥塑造像，然后在泥塑上将夏布或丝绸用漆裱上，连上数道漆灰料，至一定厚度定型后，即脱去内胎，再加上填灰、上漆、打磨、贴金等十几道工序制作而成。这样的造像具有轻巧美观、不会变形，以及不怕受潮、耐酸碱腐蚀等优点，保存时间可达千年以上。据史料记载，漆器工艺始于南宋，主要用于制作漆筷、漆碗、神主木牌之类小商品及小工艺品。至清代时才有了真正意义上的脱胎漆器，首创者为清代福州漆器艺人沈绍安。该工艺就是用泥土先塑出模型，然后在模型外面裱上夏布，涂上青漆，等漆干了之后脱去土模，再行髹漆加工上色，经过反复试验、改进，终于造出了最早的脱胎漆器，由此也开创了脱胎工艺的造像技术。

◎ 玉皇大帝像

道观内供奉神像众多，形态各异，庄严肃穆，栩栩如生。步入山门，正中间供奉道教护法监坛神王灵官，司天上、人间纠察之职，为众天将之首。左右两边分别为道教护法四大元帅。其中，马元帅被玉帝封为真武大帝部将，护法天界。赵元帅为天师守护丹炉，授正一玄坛元帅。温元帅降

◎ 张陵祖师像

魔除妖，勇猛无比，世称温将军。岳元帅乃抗金名将，屡立奇功，被封为"鄂王"。东岳殿正中供奉东岳大帝，东岳为冥府最高主宰，掌人间善恶之权，专天下死生之柄，左右二使者随侍。右边供奉炳灵公，为东岳三太子，除恶扬善，解厄消灾，封为"威雄将军"。左边供奉碧霞元君，为东岳泰山神之女，受玉帝之命，证位天仙。左右两边厢房分别为十王殿和地司殿。其中，十王殿供奉十殿阎君，为地府十殿冥官，乃东岳大帝部属，主管人之生死、转世及因果报应。地司殿供奉十六司（应为七十六司），为地府判官，属东岳大帝统辖，掌管阳世间善恶祸福之事。楼上为元辰殿，供奉太岁神，共有六十位。道教称礼祀元辰本命神，可以趋吉避凶，保佑流年顺利、吉祥如意。民间称之为"求顺星"或"拜太岁"。三清殿居于道观中心，供奉道教最高神"三清"，即元始天尊、灵宝天尊、道德天尊。左右两边厢房分别为财神殿、慈航殿、文昌殿、祖师殿、三官殿、真武殿、关帝殿、吕祖殿、相公殿、城隍殿、药王殿、鲁班殿、救苦殿、龙王殿、天妃殿，分别供奉财神赵公元帅、文昌帝君、祖天师张陵、全真祖师王重阳、子孙圣母、慈航真人、保幼元君、三官大帝、真武大帝、关圣帝君、吕祖仙师、昭天侯杨相公、镇海侯施相公、顺济侯金相公、显佑伯城隍神、威王神、灵应药王秦真君、妙应药王孙真君、巧圣鲁班祖师、扬威侯刘猛将、太乙救苦天尊、东海渊圣广德龙王、昭灵显应仁慈天后、眼光圣母明目元君，为道教信奉的传统神和地方神。道观藏经楼底层为玉皇殿，供奉玉皇大帝，总管三界、十方、四生、六道，为天界至上尊神。藏经楼最高层供奉万年紫檀木雕老君像，为道观镇观之宝。

要说道观的脱胎造像工艺，最有代表性的就是三清神像。"三清"是道教的最高神，在造像艺术上具有极高的要求。道观在修建三清殿之前，就开始设计并构思三清神像的雕塑工艺，道观负责人为此颇费心思。首

◎ 玉清元始天尊像

先，是要选择最好的三清神像为蓝本。道观经多方考察研究，获悉苏州玄妙观三清像为最佳造像。据史载，现存苏州玄妙观三清殿中的三尊跌坐金身三清像，为宋代木雕造像，像高二丈二尺，道装、束发，慈爱和善，端庄凝重，衣纹自然飘动，雕工极为细腻，为道教造像艺术的精品。为更好地仿照苏州玄妙观"三清"法像塑造，道观专门请来著名的工艺美术师毛关福先生前往苏州观摩，在原造像基础上精益求精，并适当增加现代造像工艺内容，使三清造像更富有时代气息。其次，是选择技艺精湛的雕塑师，这也是一件比较困难的事。因为目前雕塑道教神像的工艺师不多，好的更是凤毛麟角。经多方推荐、研究和实地考察，道观终于发现一位年轻的雕塑师，他虽然知名度不是很高，但是经过多年的学习、研究和实践，在道教造像工艺上已有一定造诣，成为道教神像雕塑行业的优秀代表。他就是

浙江宁海的周日高先生。为此，道观专门派人赴浙江商谈三清神像的雕塑事宜，并提出要接受毛关福大师的全程指导，以保证三清造像的工艺水平。根据脱胎造像制作工艺，必须要先按一比一的比例做泥塑模型，造像工艺的精细就在于模型。在雕刻泥塑模型过程中，道观就曾三次请毛关福先生赴浙江宁海进行现场指导和修改，大师从三清造像的形神观、艺术观和整体造型等方面进行了全面指导，并提出了许多修改意见，使泥像造型得到大家一致认可。然后就是脱胎、打磨、上漆、贴金等十多道工序，每道工序都是精益求精，严格按照传统的造像工艺进行。

如今，供奉在三清大殿的三清神像，正是采用中国传统脱胎工艺，吸取了中国道教造像艺术的精华，形神俱妙，栩栩如生。三清像高六米，是上海地区最大的三清造像。仰望三清尊神，慈目微垂，庄严肃穆，正以救苦救难的慈悲之心俯视着人间芸芸众生。

碑廊文化　名家荟萃

在道观藏经楼西侧有一处道教文化碑廊，刻有历代名家道教书画等作品26幅，是道观最引人注目的文化景点。这里有唐代画圣吴道子《老子画像》，有宋代太上老君《养生秘诀》，有明代道教神像木刻画，有清代著名海派画家、书法家吴昌硕的书法作品，有清代道观《申江胜景图》，有近现代书画家刘炳森、戴敦邦、任政、吴长邺等人的作品，也有著名道教领袖陈撄宁、闵智亭、任法融、陈莲笙、张继禹的书法作品，还有集中展示道教修炼文化的"修真图"和"内经图"等。"碑廊"二字为著名书画家程十发先生所题。可谓文化内涵丰富、书画名家荟萃，是中国博大精深的道教文化的集中展示。

唐代吴道子所画老子像碑，是碑廊神仙画像精品，人称"三绝碑"。所谓"三绝"，其一是指此碑镌刻老子全身像，是唐代画圣吴道子的手笔；其二是指画像上方文字为唐玄宗李隆基所题御赞；其三是指唐玄宗御赞为唐代书法家颜真卿手书。颜真卿为唐代著名书法家，其书法造诣极高，素有"蚕头燕尾"之称，被称为"颜体"，代表了一种雄建厚重，

◎ 吴道子《老子画像》

藏秀丽于质朴的书法流派。而吴道子在唐代时就已声名显赫，被誉为一代"画圣"，尤擅佛道人物。《老子画像》人物形象生动，面颊丰满，童顶鹤发，庞眉披鬓，双目炯炯，身体魁梧，体态潇洒，衣袍宽博，貌极苍古，仙风道骨。画像虽经石刻，但线条圆润，有飘飘欲仙之感，显示了"吴带当风"的艺术特色。吴道子的画传世真迹极为稀少，此幅碑刻自然就成了不可多得的艺术珍品。太清宫老子像为摹刻于苏州玄妙观老子像碑，原碑为南宋时所刻，年代久远，有些模糊，复制时略有修复，是为现代老子像碑的杰作。

清代著名书画家吴昌硕的书法作品"鹤寿"二字，是碑廊书法精品，具有极高的艺术价值。吴昌硕，浙江孝丰县人，是晚清著名画家、书法家、篆刻家，曾任杭州西泠印社首任社长。其篆刻、书法、绘画三艺精绝，为"后海派"艺术的开山代表、近代中国艺坛承前启后的一代巨匠。吴昌硕晚年信奉道教，自号铁竹道人。"鹤寿"二字，就是他受道教文化影响后所作，是其晚年时的书法作品。这幅书法作品能够落户道观碑廊，纯属是一种缘分。一次偶然的机会，道观负责人丁常云在参观吴昌硕纪念馆时发现了这幅作品，因其充满了浓厚的道教文化气息，被其深深吸引，站立良久都不愿离开，陪同的吴越馆长马上介绍说，这幅字原稿在日本，这里收藏的也是复制品。"复制品没问

◎ 吴昌硕书法"鹤寿"

题，关键是能否让我收入碑廊。"丁常云接着说道。吴馆长略思片刻后，还是十分爽快地答应了。于是，吴昌硕的道教书法就这样来到道观，成为碑廊文化中不可多得的艺术珍品。

清代道观《申江胜景图》，是碑廊中最大的一块碑刻图，再现了当时道观的历史盛况。《申江胜景图》是晚清著名风俗画家吴友如的重要作品，他的画场面气势磅礴，人物神态各异，栩栩如生，令人有身临其境之感。《申江胜景图》从各个侧面反映了作为中西方文化交汇的新兴城市上海最初的发展历程，留下了成为工业化大都市上海"童年"时的写真，不但是一部艺术作品，也是一份研究上海近代史的重要史料。道观的这幅碑刻图，为当代著名书画家陈星平临摹绘制，他在题图记上说道："道观申江胜景图，是根据清末申江胜景之一钦赐仰殿小幅木刻本放大作刻石稿，因原稿甚小，人物、神像等尤其模糊不清，吾不得不搜寻资料，在吴氏小木版刻本稿的基础上重新放大创作而成此图也。"陈星平擅长中国戏剧人物画，兼工山水，旁及花鸟，书法和速写被媒体誉为"中华民族的瑰宝、跨越时代的艺

◎ 清代《申江胜景图》

术"。他将速写这种外来技法的简洁、明快、流畅、飞动与中国画、书法的线条力度、美感相融,大写意的笔触酣畅淋漓又遒劲有力,画面构图、设色、题款、钤章千变万化、平中出奇。作品形成笔力遒劲、浑朴传神、气韵生动的鲜明个性。可见,放大的《道观胜景图》,也是出自名家之手,自然就有其历史和艺术的双重价值。

现代著名道教学者陈撄宁所书《道德经》章句,虽不是精品之作,但却是目前国内难得一见的陈氏书法作品。其字刚劲有力,自然大方,有柳氏之遗风。陈撄宁是现代道教学者和仙道养生学家,是一代仙学大师,也是中国道教协会第二任会长。他毕生从事道教和仙学研究,积极培养道教后继人才,治学精勤,成就卓著,对于近现代道教的发展作出了重要贡献。陈撄宁留下的书法作品极少,他的《道德经》章句,是取自其手稿,由小字经放大而成。将其收入道观碑廊,是一种缘分,更是道观的幸事。

当代著名画家戴敦邦所绘制的"东岳大帝像"和"关帝像"碑刻,也是十分难得的道教神仙画。戴敦邦是当代国画名家,擅长人物画和神仙画,他的作品早已蜚声业内外,多次荣获国际国内绘画艺术创作大奖。近十多年来,戴敦邦积自

◎陈莲笙书法

已数十年的绘画修为，开始道教神仙人物画的创作，成为当代神仙人物画的集大成者。道观碑廊所收录的这两幅碑刻，是戴敦邦精心创作的道教神仙人物画作品。其像采用线条画，笔锋流畅，自然飘逸，形象逼真，栩栩如生，具有很高的艺术价值。

　　碑廊是道教文化的展示，更是道观历史的记载。为道观恢复重建作出重大贡献的首任住持张大昶（文希）功德碑，则是了解道观历史的珍贵资料。此外，任法融所书"精气神"、闵智亭所书"上善若水"、陈莲笙所书"见素抱朴，少思寡欲"、张继禹所书"仙道贵生"等，都是当代道教界领袖们的杰作，可谓弥足珍贵。

图书在版编目（CIP）数据

沪上古观太清宫/丁常云主编；丁常云，李宏利，成润磊编著.—北京：华夏出版社，2014.1
（中国道教文化之旅丛书）
ISBN 978-7-5080-7805-2

Ⅰ.①沪… Ⅱ.①丁… ②李… ③成… Ⅲ.①道教－寺庙－介绍－上海市 Ⅳ.①K928.75

中国版本图书馆CIP数据核字(2013)第215380号

沪上古观太清宫

作　　者	丁常云　李宏利　成润磊
责任编辑	杨小英
责任印制	刘　洋

出版发行	华夏出版社
经　　销	新华书店
印　　刷	北京市华宇信诺印刷有限公司
装　　订	三河市李旗庄少明印装厂
版　　次	2014年1月北京第1版　2014年1月北京第1次印刷
开　　本	720×1030　1/16开
印　　张	14.75
字　　数	221千字
定　　价	39.80元

华夏出版社 网址：www.hxph.com.cn　地址：北京市东直门外香河园北里4号 邮编：100028
若发现本版图书有印装质量问题，请与我社营销中心联系调换。电话：（010）64663331（转）